Desfile André Lima >> SPFW - São Paulo, 2006

YOUTUBE.CO

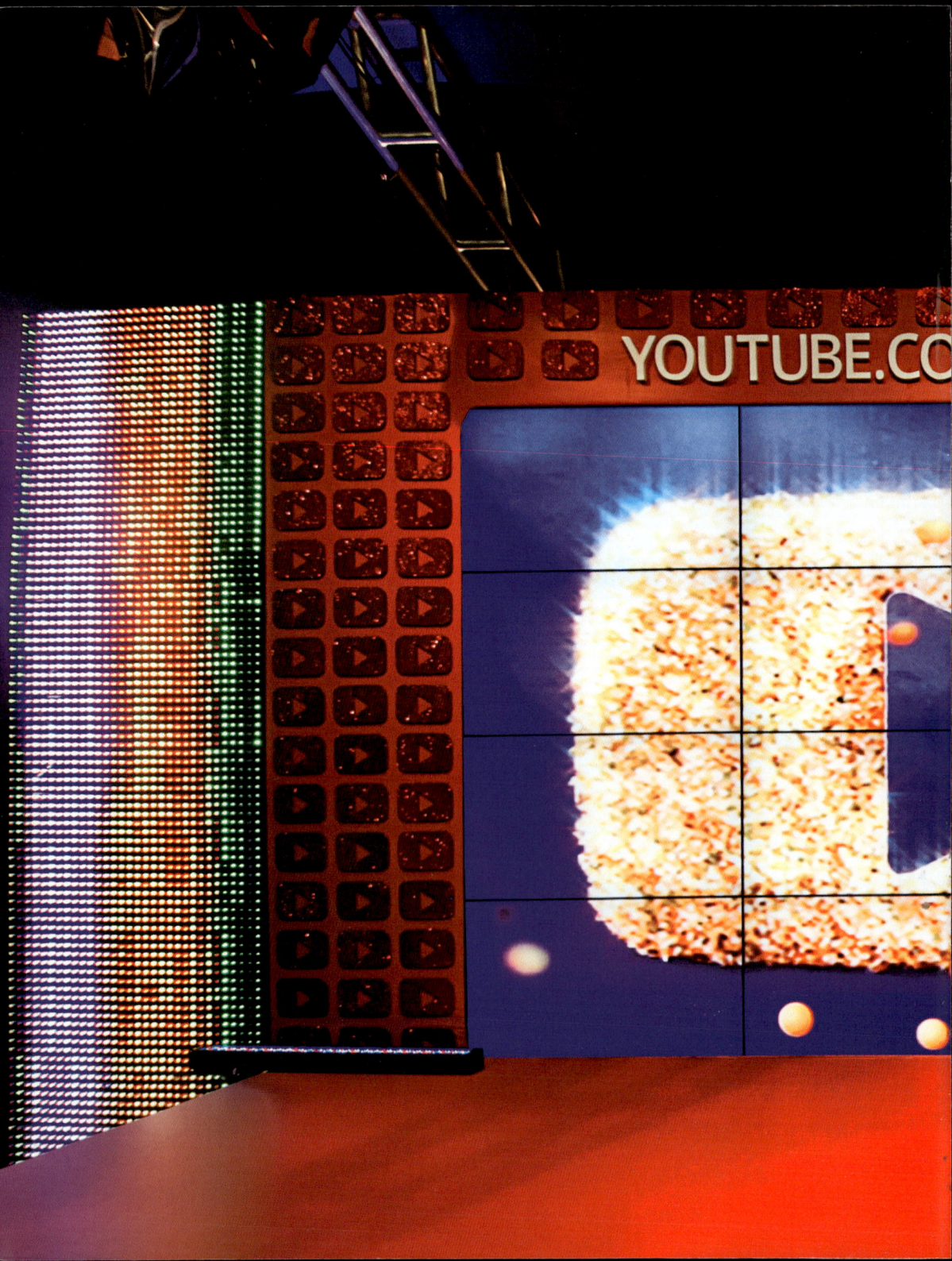

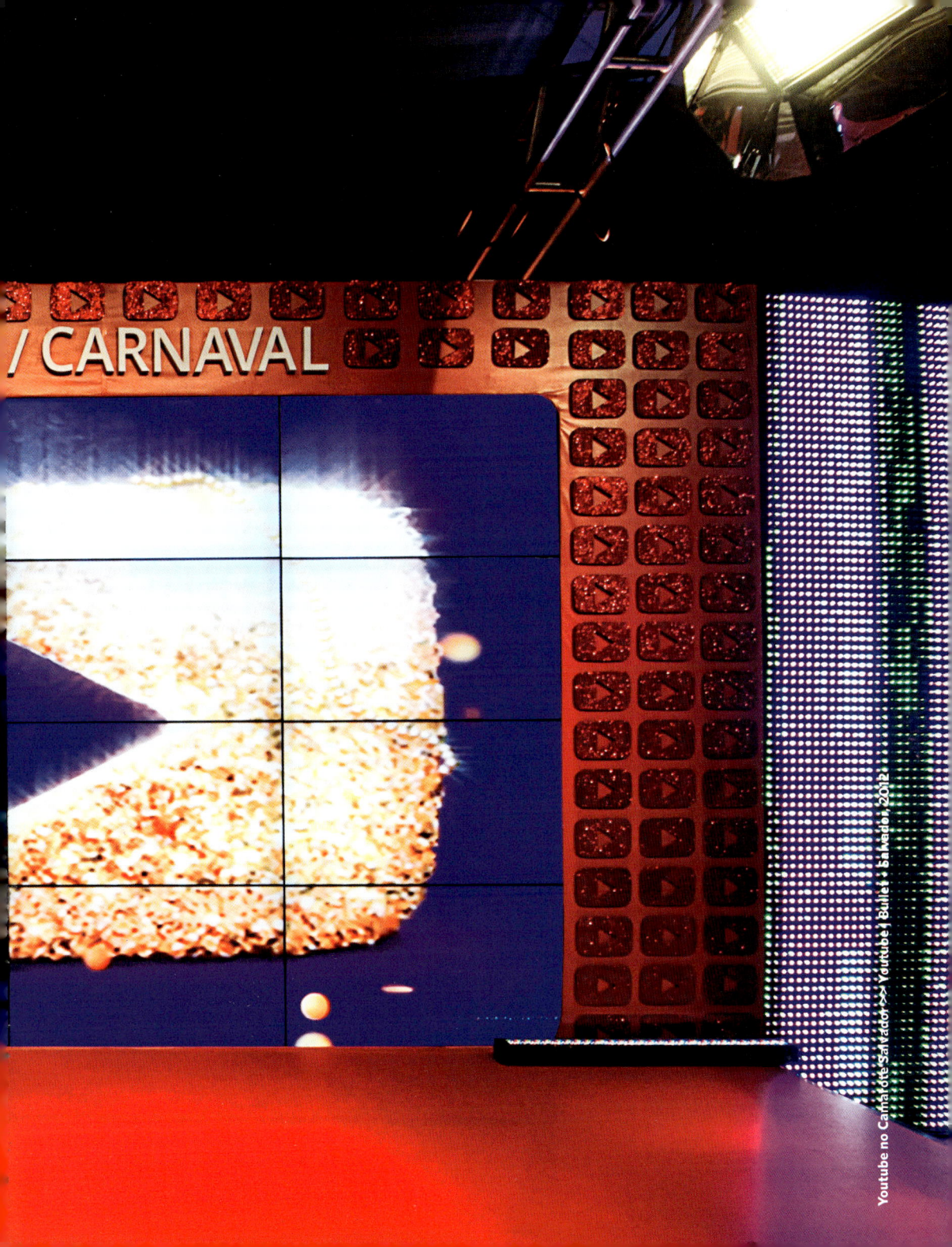

Youtube no Camarote Salvador >> Youtube | Bulièi i balwatíoi, 2012

Vivo Open Air >> Vivo | Innova - Brasília, 2013

Google Creative SandBox 2011 >> Camarote VIP show Pearl Jam | Google / Bullet – São Paulo, 2011

CASA CAUCAIA Cenografia Inteligente
São Paulo, 2015, 1ª edição
Editora WMF Martins Fontes

PROJETOS QUE MATERIALIZAM CONCEITOS

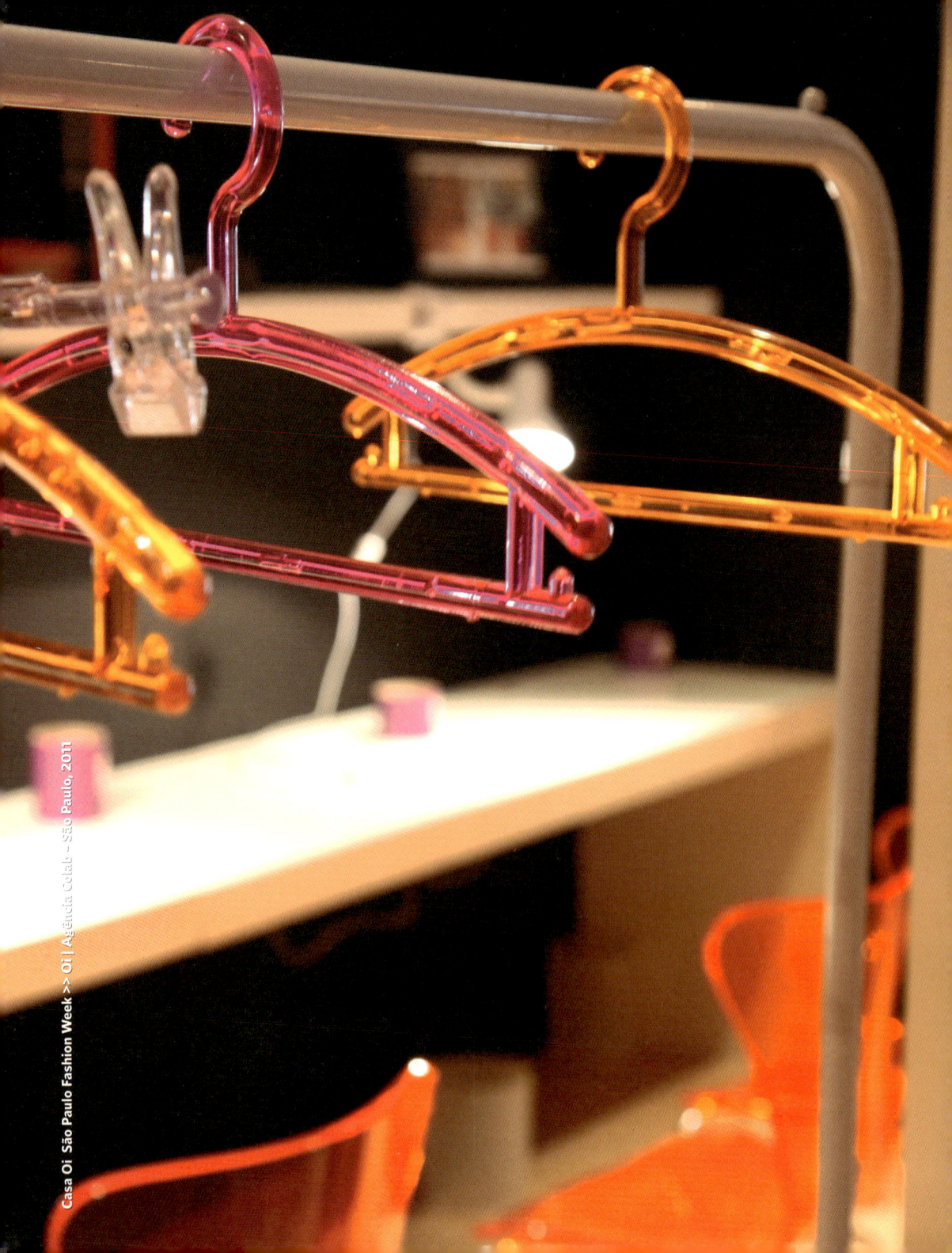

Casa Oi São Paulo Fashion Week >> Oi | Agência Colab – São Paulo, 2011

Já há algum tempo, a ideia de inteligência vem sendo estudada e discutida numa compreensão pluridimensional, em abordagens e perspectivas que valorizam mais do que as operações de pensamento lógico. O conceito de inteligência vem se amplificando para apresentar um manejo e uma articulação de capacidades, faculdades e funções. Além disso, inteligência é ideia nuclear nas aprendizagens, nas elaborações e nas resoluções de problemas. Portanto, resultados ou números não são suficientes para dizer que alguém é inteligente ou que algo foi executado com inteligência.

Nesse entendimento, encontramos as IM – inteligências múltiplas –, evidenciando distintas perspectivas de cognição. Dentro dessas perspectivas, temos a visual, a espacial.

E é a inteligência visual que se destaca nos 29 projetos apresentados aqui, no histórico da autoral Casa Caucaia. Cores, formas, texturas, materiais – suas tecnologias e seus potenciais – são... pensados. Há compromisso com a condução de um raciocínio, que faça sentido tanto à lógica quanto à visualidade e à espacialidade, e como conhecimento que vai se somando na condução e no domínio do projeto. O método não coloca medo em seus integrantes; pelo contrário, dele se valem. Talvez porque o entendam menos como instrumental e mais como plasticidade, se podemos dizer assim. Bruno Munari fala de método como um *esquema elástico*. E aqui essa expressão encontra as melhores alternativas.

Mas, voltando ao que pontuamos no início sobre inteligência, é importante lembrar que ela vem acompanhada ainda de disciplina diante de questões operacionais, que devem ser concretizadas. Inteligência relaciona-se com realização, com resolução. Para a Casa Caucaia, considera-se ainda, e sobretudo, o sentido de minúcia e de detalhe que ela impõe a seus projetos, não se furtando a possíveis detalhes, tidos, talvez, como menos relevantes. Tudo importa. Tudo transmite. Tudo significa. E isso faz com que espaços vazios, arquitetados por projetos "que tanto estimulam sentidos quanto materializam conceitos", sejam percebidos como envolventes narrativas visuais, revelando um segredo de ritmo, que não se sobrepõe ao produto ou à marca. O mesmo acontece também aqui, neste livro inteligente – uma bonita narrativa que não se sobrepõe àquilo que a Casa Caucaia quer nos evidenciar.

Ana Lúcia Lupinacci
Diretora Nacional da Graduação em Design
ESPM – Escola Superior de Propaganda e Marketing

Axe Apollo >> Axe | Bullet – São Paulo, 2013

Um espaço vazio, uma história a ser contada. Como preparar o ambiente para que as pessoas que circularem por ali absorvam da melhor maneira o conteúdo dessa história? A organização espacial é fruto do que se deseja transmitir. E, para esse desejo se concretizar, há de se considerar as possibilidades físicas, tecnológicas e financeiras disponíveis. É quando profissionais se reúnem para dar forma aos conceitos e posicionamento da marca.

As ideias que brotam vão sustentar o conteúdo a ser comunicado, tirando proveito dos elementos arquitetônicos, dos recursos cênicos e de suas infinitas combinações. Elas alimentam a preparação do cenário, que inclui estudos detalhados para avaliar como a narrativa do espaço vai interagir com o público, como vai tocá-lo.

Aqui um projeto personalizado começa a ganhar forma. Aquele espaço vazio recebe um tratamento individualizado e oferece às pessoas um jeito único de vivenciar a história contada ali, despertando emoções.

Sai de cena o trabalho impessoal; entra em cena a Casa Caucaia, com seu trabalho de cenografia inteligente. Idealizada e desenvolvida pelos fundadores da Casa, a cenografia inteligente representa a interseção destas três esferas – conteúdo, forma e emoção –, por meio de um processo colaborativo produzido a muitas mãos.

Esse conceito inovador se reflete em um projeto que organiza e apresenta o conteúdo a partir de soluções afinadas de forma e emoção. Uma equipe multidisciplinar, com arquitetos, designers, produtores e demais profissionais da área, explora ao máximo as ferramentas cenográficas. Criatividade e tecnologia norteiam as escolhas, ilustradas através de desenhos e maquetes eletrônicas, com base em muita pesquisa.

Concept Store Coisas Geniais – São Paulo, 2012

E onde o trabalho da Casa Caucaia pode ser executado? Em qualquer espaço em que a marca deseja transmitir uma mensagem, em eventos, convenções, ações pontuais, lojas, escritórios ou em outras áreas comerciais e institucionais. Imagine chegar a um galpão em que está organizada uma exposição sobre a história de uma empresa de transporte, e que em cada painel contenha detalhes de montagem que fazem o visitante viajar no tempo. Imagine também um showroom de objetos de design. O espaço e a disposição das peças ali têm que ser tão ousados quanto a criação desses produtos. Uma entrada que brinca com a geometria em sintonia com os traços das paredes e as estantes fora do convencional são alguns dos inúmeros detalhes. Ou imagine um evento para o lançamento de um automóvel. Efeitos de luz, de volume e projeções em telas espalhadas pelo salão exploram curvas e cores associadas a um dos grandes arquitetos brasileiros. Agora imagine... e a Casa Caucaia materializa.

Essas criações contemplam processos sempre bem detalhados, mas com a agilidade que os projetos dessa natureza exigem. Adotando a cenografia inteligente como fio condutor de seu trabalho, há dez anos a Casa Caucaia garante um resultado eficaz para o cliente e envolvente para o público.

Nas próximas páginas, conheça alguns projetos em que a aplicação desse conceito é usada também como uma eficiente ferramenta de comunicação da marca.

Copyright © 2015, Editora WMF Martins Fontes Ltda. / Casa Caucaia Planejamento Eireli

Concepção **RENATO KUBLIKOWSKI** e **EDUARDO MARCONDES**
Projeto Editorial e Design Gráfico **ESTAÇÃO DESIGN**
Conteúdo **CASA CAUCAIA CENOGRAFIA INTELIGENTE**
Textos **DANIELA HIRSCH** e **MARIANA MARCOLINI**
Revisão **JOSÉ AMÉRICO JUSTO**
Produção Gráfica **REGINA GARJULLI**
Prepress **STILGRAF** e **HIGH PASS**
Impressão **INTERGRAF**

Crédito das imagens
ABEST **RENAN MELERO**
Alelo **AGÊ BARROS**
AXE Apollo Space Academy **LUCAS ISMAEL**
Boteco do Caminhoneiro **GRAZIELA WIDMAN**
O Boticário Miami Sunset **AGÊ BARROS**
O Boticário Nativa Spa **SANDRA MORAES**
O Boticario - Pipas **FREDDY UEHARA**
O Boticário Triedros **AGÊ BARROS**
Carrefour 35 anos de Brasil **GRAZIELA WIDMAN**
Coisas Geniais **AGÊ BARROS**
Desfile André Lima **ALEXANDRE SCHNEIDER**
Durex Love Capsule **ANDERSON CHRISTIAN**
e **FABRICIA PINHO**
Fiat Uno **EDUARDO MARCONDES**
Google Creative Sandbox **RENATO REBIZZI**
e **AGÊ BARROS**
Havaianas Concept Store **RENAN MELERO**
Inflama Rio **AGÊ BARROS**
Leilão AgroZ **ARQUIVO CASA CAUCAIA**
Lucky Strike **ARQUIVO CASA CAUCAIA**
Martins Café **GRAZIELA WIDMAN**
Motorola - MOTOCHIC **GUILHERME MARANHÃO**
MOTORAZR V3 **ARQUIVO CASA CAUCAIA**
MOTORAZR2 **GRAZIELA WIDMAN**
Museu JSL **AGÊ BARROS**
Obrigado - Estande **PAULO PEREIRA**
OI SPFW **FREDY UEHARA**
Samsung Galaxy A **SANDRA MORAIS**
Seda Urban Saloon **GRAZIELA WIDMAN**
TAM Cardápio **AGÊ BARROS**
Think with Google **CACO PARISE**
Vivo open Air **RENATO KUBLIKOWSKI**
Youtube Carnaval Salvador **RENATO REBIZZI**
Youtube NextUp **AGÊ BARROS**

Dados Internacionais de Catalogação na Publicação (CIP)
(Câmara Brasileira do Livro, SP, Brasil)

Projetos que materializam conceitos / [texto
Daniela Hirsch e Mariana Marcolini] . --
São Paulo : Editora WMF Martins Fontes, 2015.

Conteúdo: Casa Caucaia Cenografia Inteligente.
ISBN 978-85-7827-977-6

1. Desenho (Projetos) 2. Design 3. Design
gráfico 4. Designers - Brasil I. Hirsch, Daniela.
II. Marcolini, Mariana.

15-06450   CDD-741.6092

Índices para catálogo sistemático:
1. Designers : Brasil   741.6092

Todos os direitos desta edição reservados à
Editora WMF Martins Fontes Ltda.
R. Prof. Laerte Ramos de Carvalho, 133
01325-030 São Paulo SP Brasil
Tel.: 11 3293.8150 Fax 11 3101.1042
e-mail: info@wmfmartinsfontes.com.br
http://www.wmfmartinsfontes.com.br

Tipografias **YUMMO E WHITNEY HFT**

Leilão AgroZ >> AgroZ - Araras, 2013

Império monocromático

DESFILE DO ESTILISTA ANDRÉ LIMA NA SÃO PAULO FASHION WEEK

As gigantes dimensões deste projeto criaram o impacto e a distinção para a atmosfera do desfile. >> O império monocromático do vermelho caracterizou a cenografia. Um templo de inspiração oriental, onde as colunas em rubro e dourado contrastavam com a brasilidade e a extravagância das peças coloridas da coleção de André Lima. Um projeto desenvolvido a quatro mãos com o próprio estilista.

QUEM **ANDRÉ LIMA, ESTILISTA DE MODA**
QUANDO **JANEIRO DE 2006**
ONDE **SÃO PAULO FASHION WEEK / BIENAL DO IBIRAPUERA**
O QUE **CRIAÇÃO, PROJETO E EXECUÇÃO DE CENOGRAFIA**

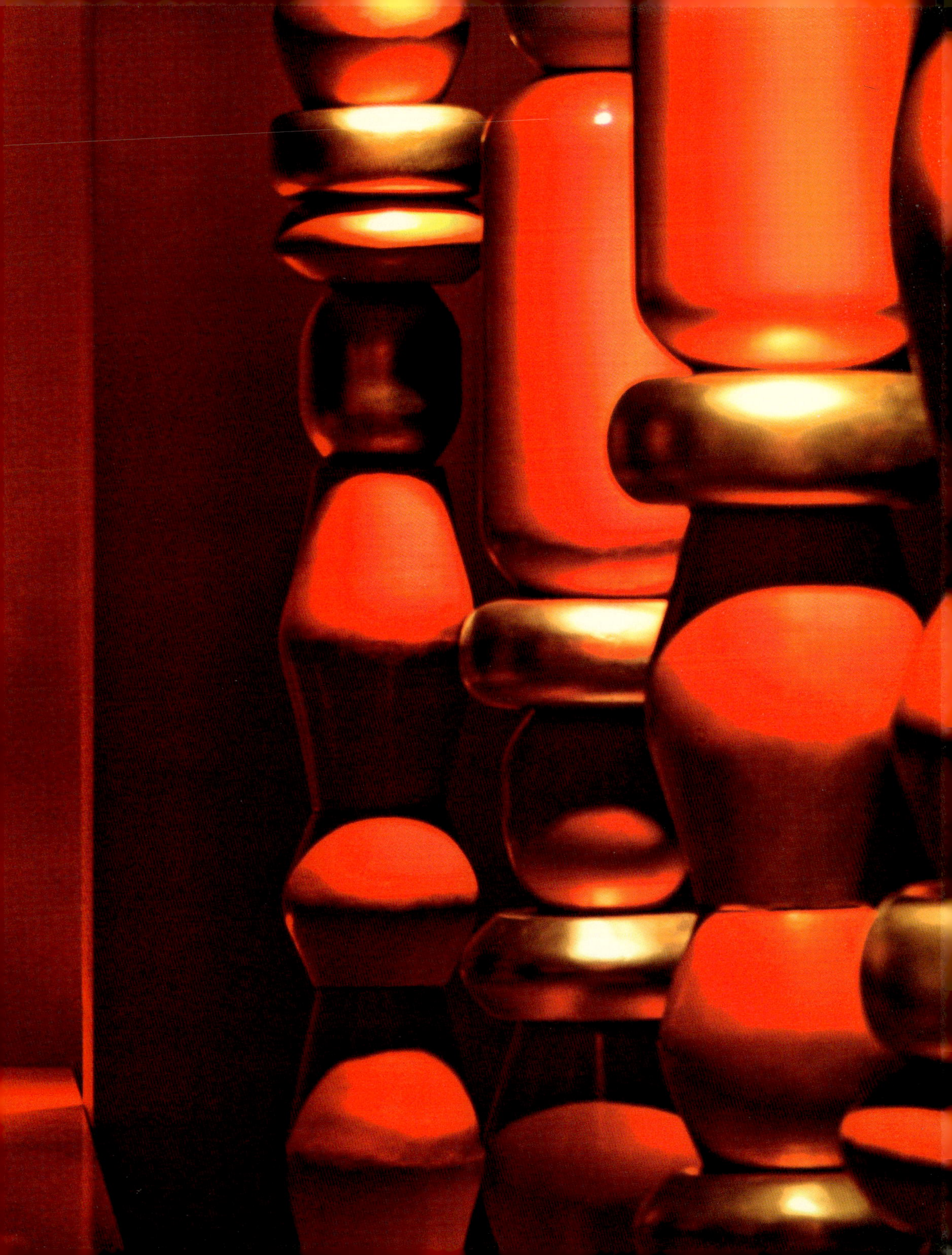

Ao terminar a passarela, uma grande arquibancada foi pensada e projetada para que todas as modelos ficassem à frente do cenário, em níveis diferentes, no momento da finalização do desfile. Assim, a obra completa do estilista foi apresentada em um único plano, em contraste com todo o cenário.

No espaço de 120 m², paixão, emoção e glamour foram traduzidos na grandiosidade de um proscênio vermelho. Uma passarela comprida terminando em degraus largos, toda revestida com pintura automotiva vermelha, e um corredor de colunas de formato irregular, com toques de dourado.

O presidente e o boteco

O BOTECO DO CAMINHONEIRO, NA FESTA DO PRESIDENTE DA VOLKSWAGEN

A festa de final de ano do presidente da Volkswagen Caminhões e Ônibus foi a oportunidade para a empresa promover a aproximação com clientes e abrir novos relacionamentos. >> O clima intimista foi dado com a reprodução da atmosfera de um autêntico boteco brasileiro de beira de estrada. Um conceito totalmente alinhado com o core business do negócio. O cuidado com os detalhes, a quantidade de objetos e as composições tornaram o ambiente verossímil e bastante lúdico.

QUEM **AGÊNCIA BULLET E VOLKSWAGEN CAMINHÕES E ÔNIBUS**
QUANDO **DEZEMBRO DE 2009**
ONDE **PARADISE GOLF & LAKE RESORT, MOGI DAS CRUZES, SP**
O QUE **CRIAÇÃO, PROJETO E EXECUÇÃO DE CENOGRAFIA**

Uma Brasília antiga, de um dos usuários dos bares onde foi feita a pesquisa de materiais, ficou estacionada logo na entrada do evento e foi o toque final da caracterização.

COMERC...

FILÉ DE FRANGO À MILANEZA
BIFE À MILANEZA
CONTRA À MILANEZA
CONTRA C/ FRITAS OU SALADA
CONTRA À PARMEGIANA
OMELETE
CONTRA À CAVALO
BIFE À PARMEGIANA
CALABRESA
FILÉ DE FRANGO
COMERCIAL C/ BIFE
COM. C/ BISTECA
COM. C/ FÍGADO
COM. C/ PICADINHO
COM. C/FRANGO AO MOLHO
COM. C/ COSTELA
TODOS ACOMPANHA: SALADA OU F...

Um pórtico de azulejo com a imagem de São Jorge, santinhos de madeira, copos lagoinha como vasos. Detalhes que trouxeram as nuances de simplicidade, brasilidade e regionalidade necessárias.

Um projeto que viabilizou financeiramente, e em apenas dois meses, os 1.200 m² de cenografia e transformou a arquitetura clássica do hotel em um boteco de beira de estrada, com toda a sua diversidade. A partir de uma minuciosa pesquisa de elementos, produção e aquisição de objetos e peças, foi montado um cenário com tudo muito real e de conhecimento popular – dos santinhos à cachaça.

Sacos de limão, calotas de carros como quadros e espaços decorados com caixotes, entulhos de madeira e restos de borracharia. Tudo adquirido, sem custo, no percurso do galpão da Casa Caucaia até o local da montagem do evento. Soluções para utilizar de forma inteligente a verba do projeto.

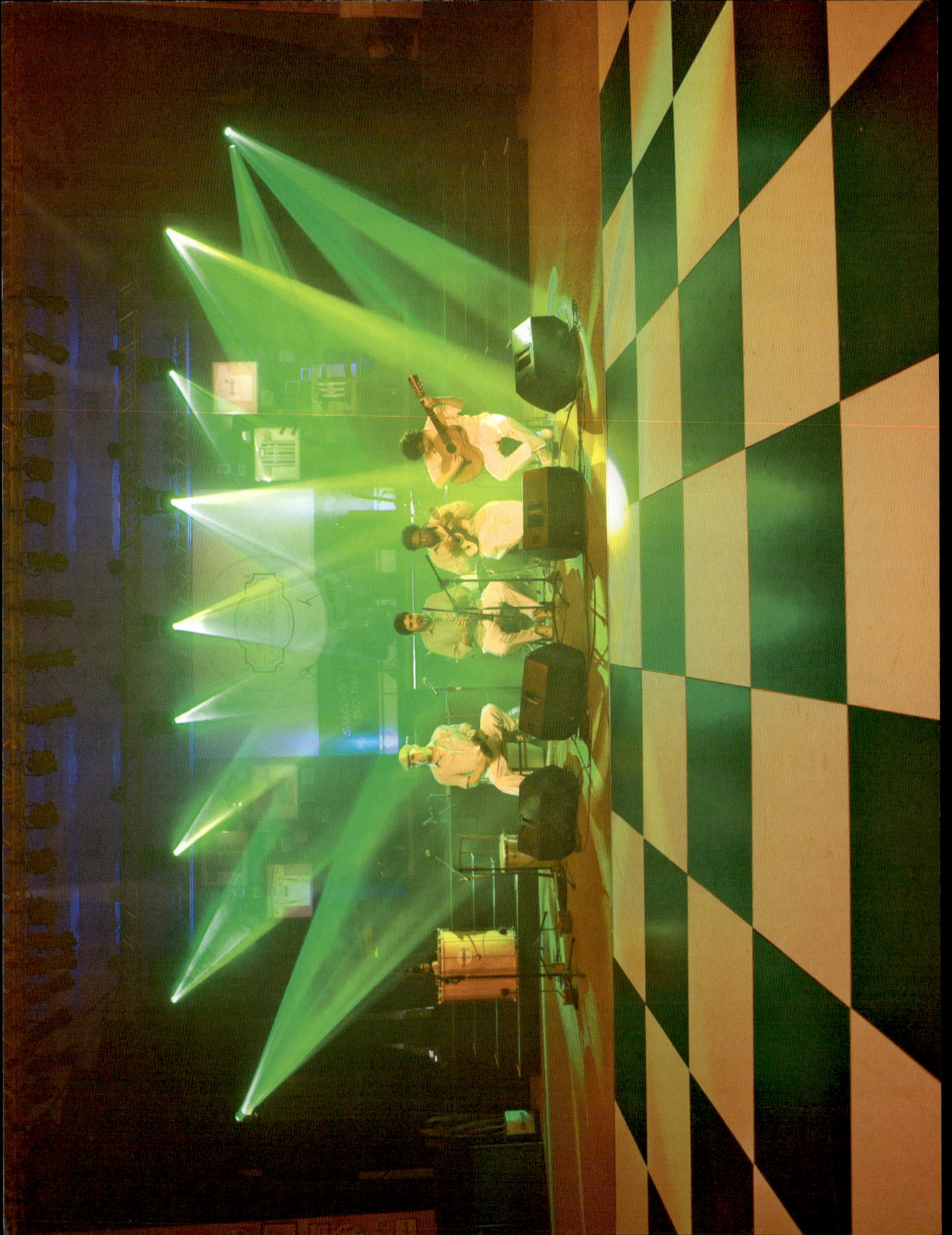

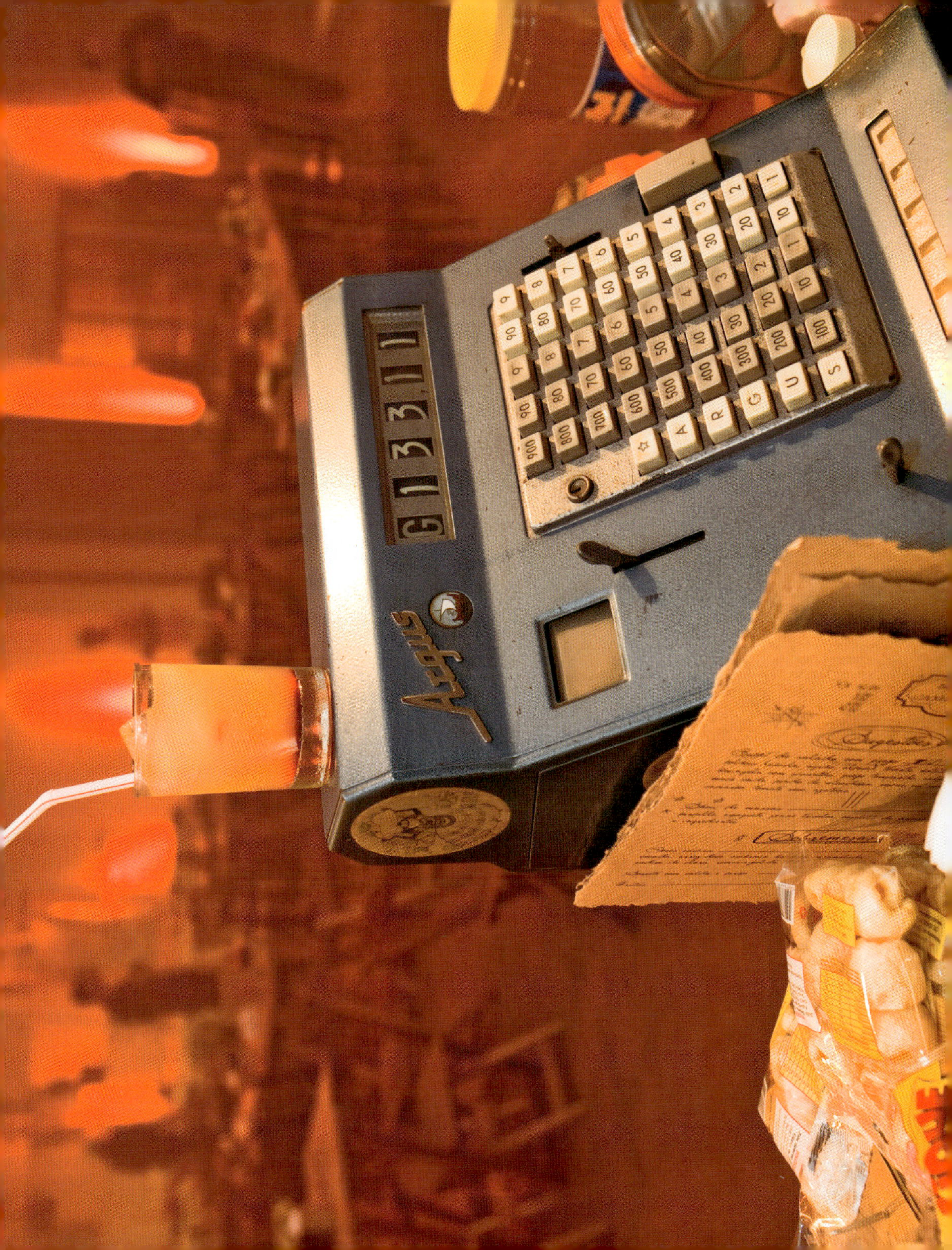
Argus

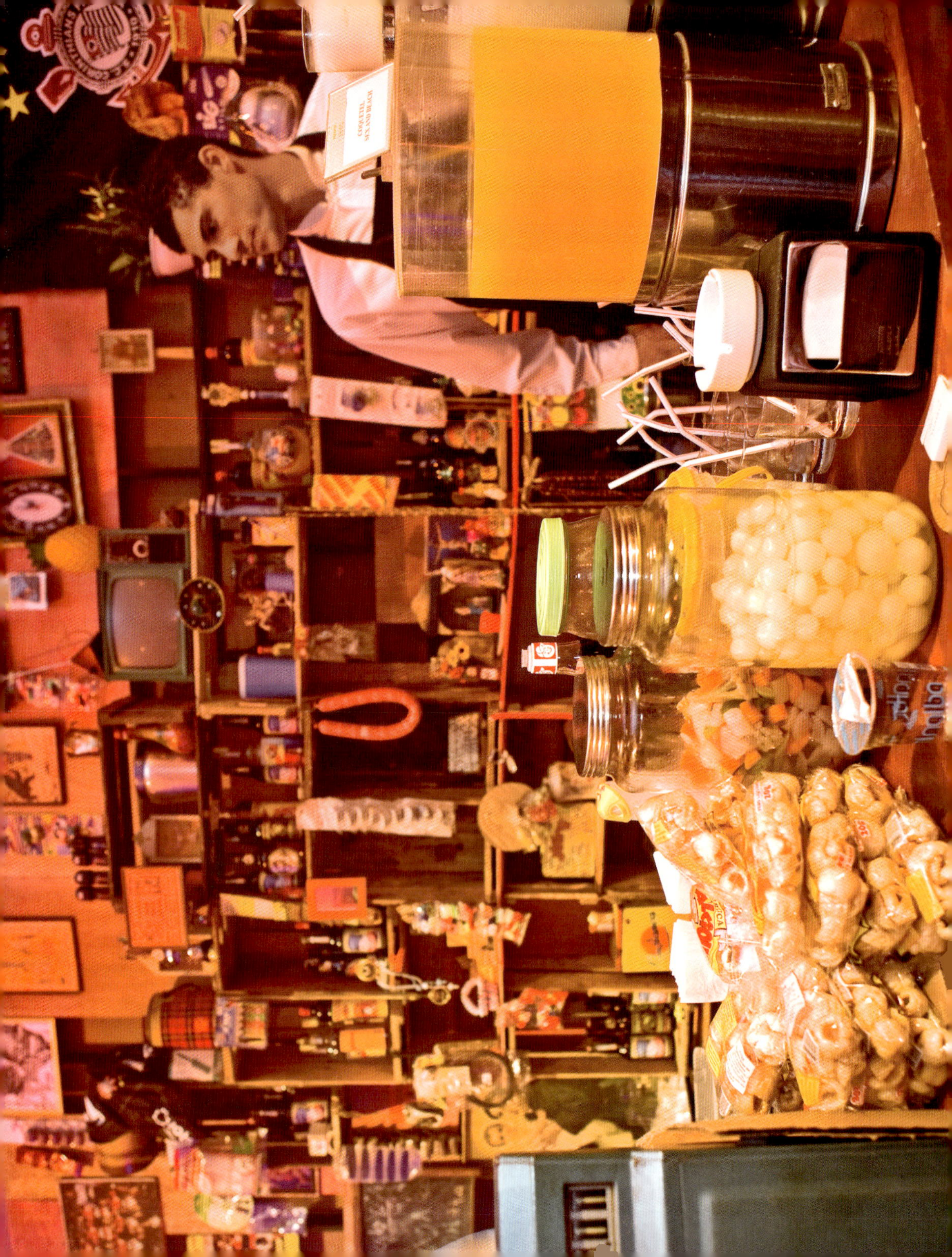

O cenário foi dividido em três partes:
Entrada – marcada por um pórtico de azulejos com uma Brasília na porta.
Corredor de acesso – com um mural de azulejos cenográficos de São Jorge, padroeiro do anfitrião da festa, e onde ficavam as estações para cadastro e retirada de fantasia (chapéus e lenços).
Salão principal – com palco, mesas e pista de dança quadriculada, no melhor estilo das gafieiras brasileiras.

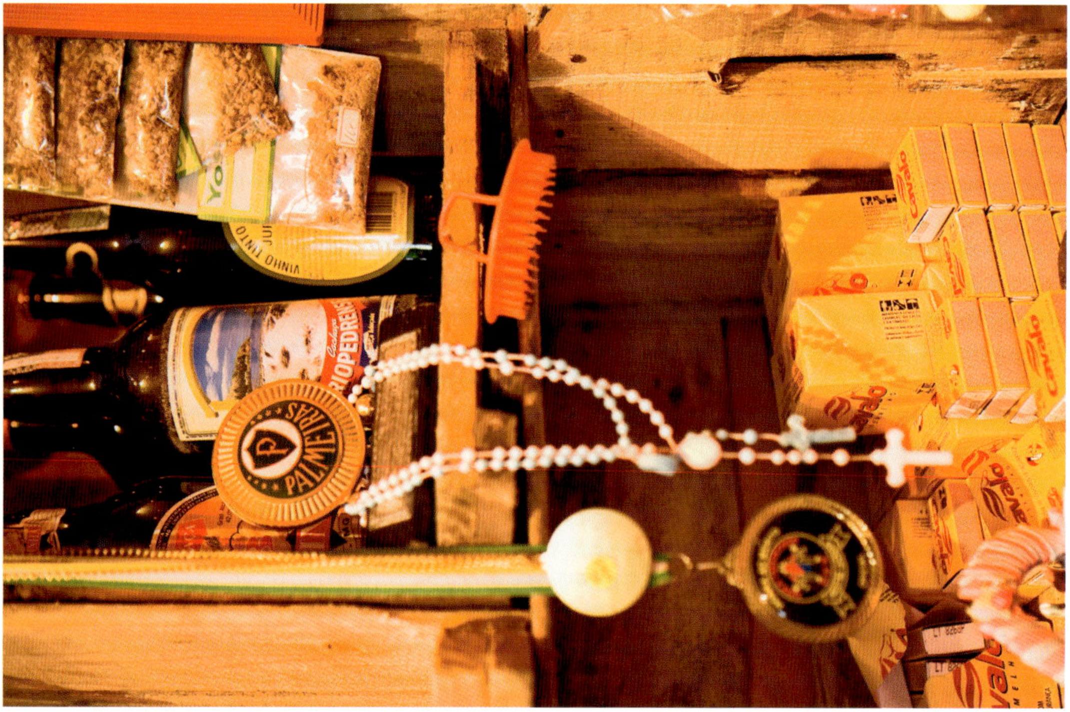
PALMEIRAS
VINHO TINTO

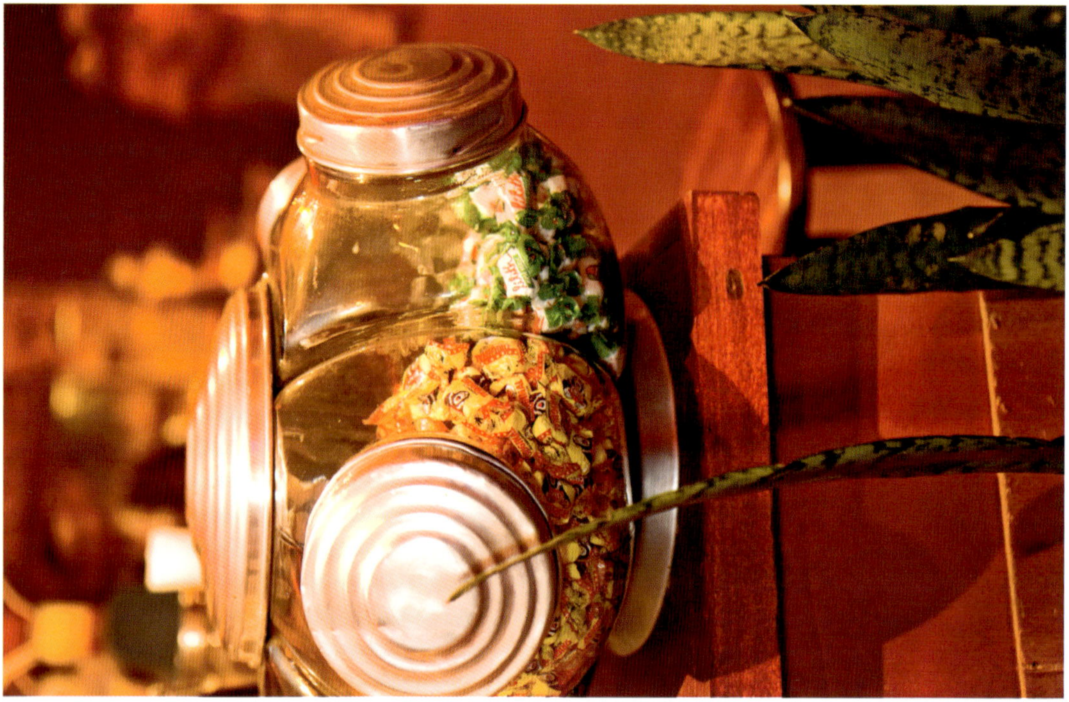

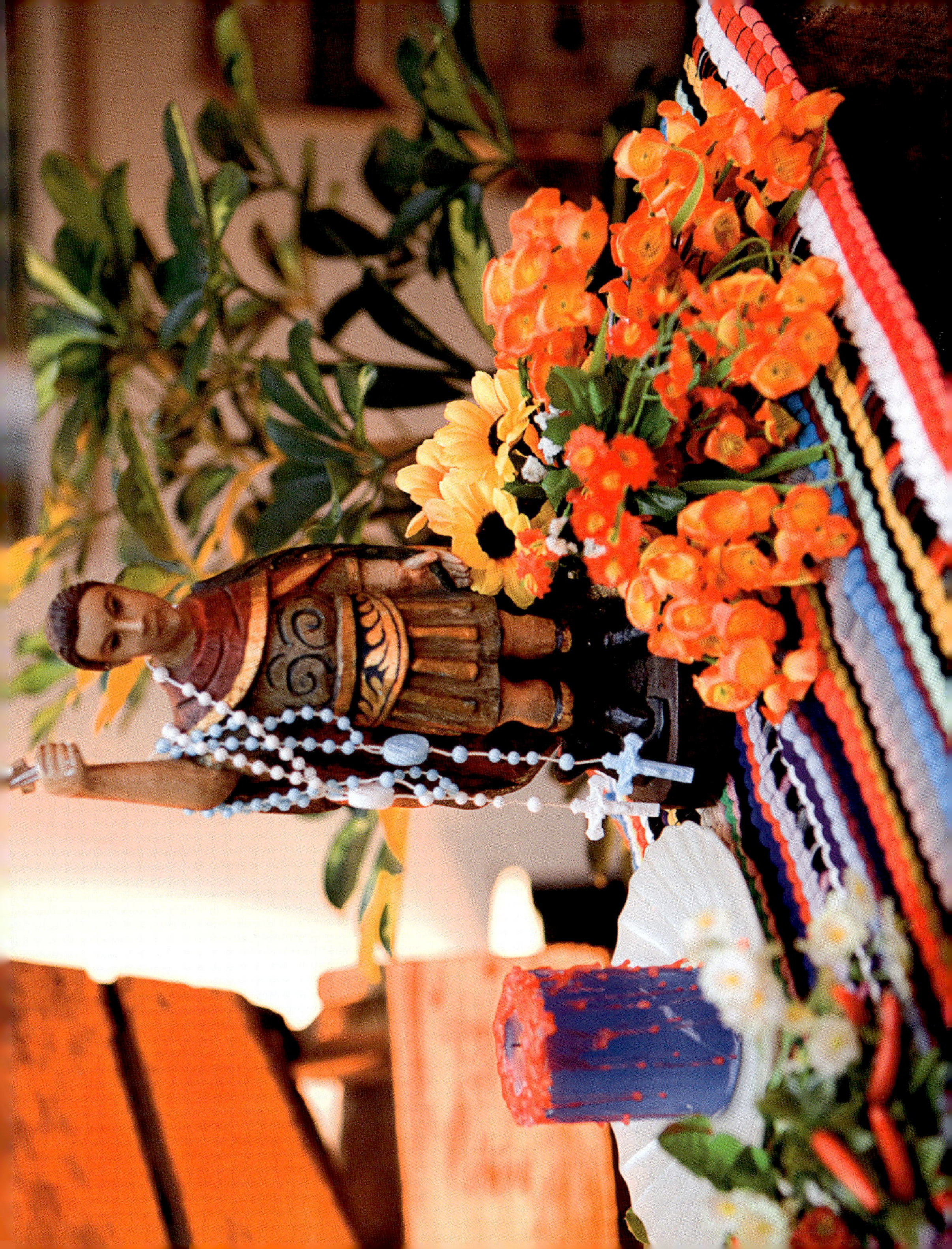

O Boticário – versatilidade em forma de beleza

LOUNGE O BOTICÁRIO / MAKE B. NA SÃO PAULO FASHION WEEK
A nova imagem de marca do O Boticário tinha como objetivo transmitir conceitos como beleza, leveza, sofisticação e jovialidade. >> Um espaço de 680 m² foi palco para três diferentes momentos da linha de maquiagens do O Boticário. **JUNHO 2011 EDIÇÃO 1**

Pensado para transmitir o conceito de beleza com alegria e leveza, este espaço recebeu uma instalação de 5.000 elementos denominados "pipas" e executados com arame e tecido colorido.

QUEM **AGÊNCIA COLAB**
QUANDO **JUNHO DE 2011**
ONDE **SÃO PAULO FASHION WEEK / BIENAL DO IBIRAPUERA**
O QUE **CRIAÇÃO, PROJETO E EXECUÇÃO DE CENOGRAFIA**

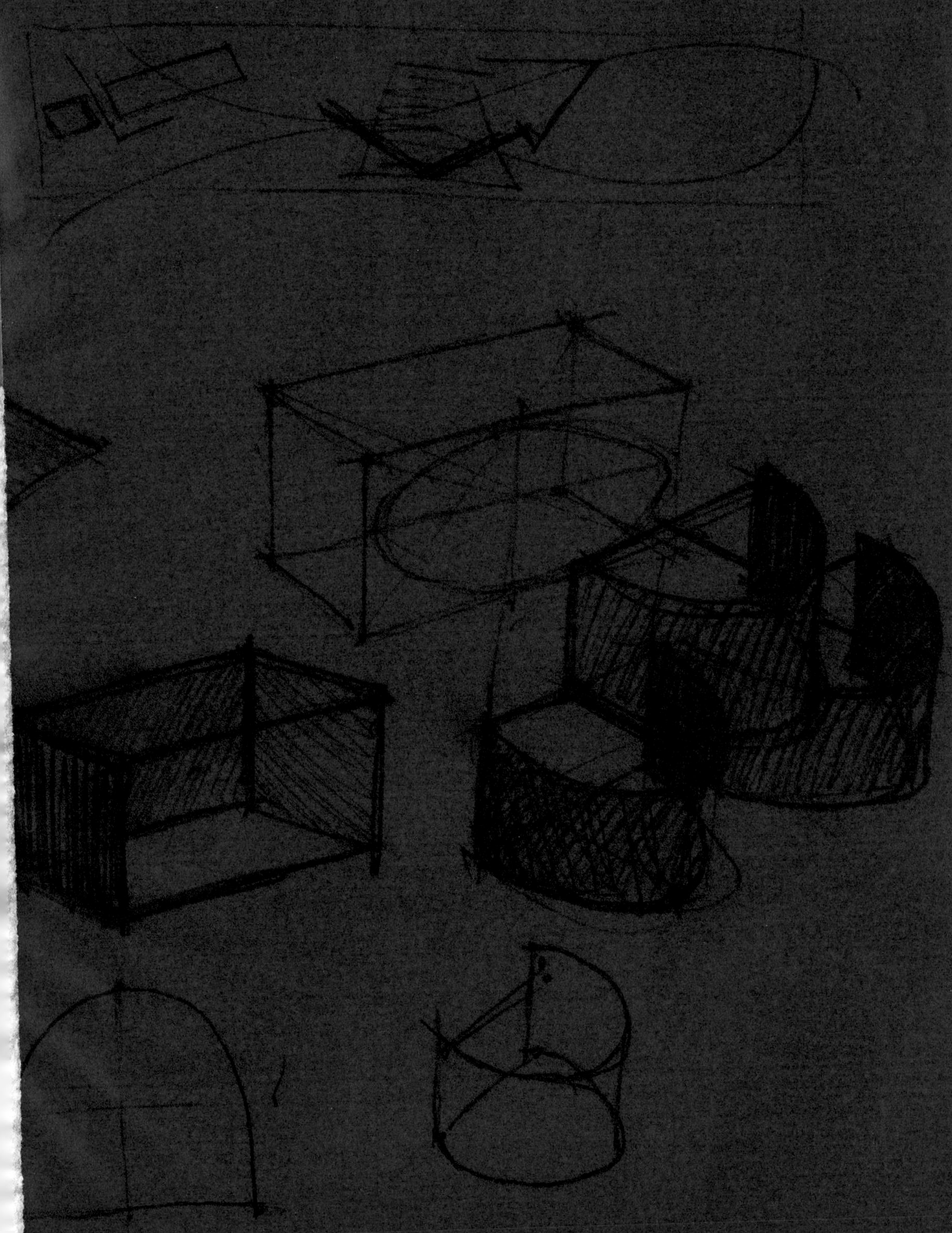

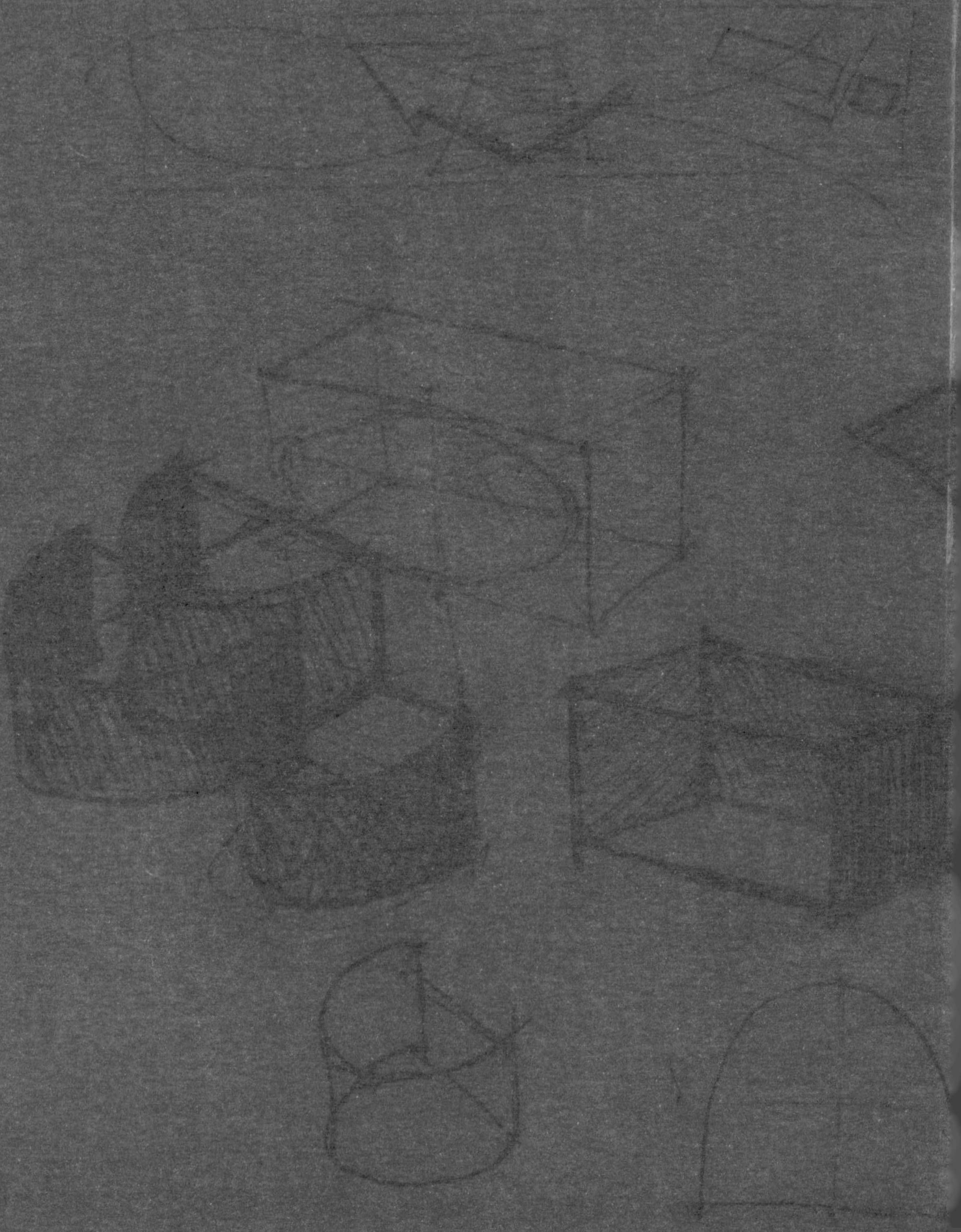

O uso de um elemento aéreo, um móbile de 60 m, integrou os espaços. Além de reforçar o conceito de leveza, o móbile trouxe a presença marcante da cor para o ambiente.

MAKE B.

680 m² incluindo arquibancada para telão, credenciamento, cursos, área vip, backoffice, cozinha, lanchonete, lounge, vitrines, expositores. Além de 16 estações de automaquiagem.

JANEIRO 2012 EDIÇÃO 2

Um triedro de cores promovia a integração da fachada ao mesmo tempo que permitia que o público escolhesse como queria deixar o espaço. >> Uma montagem de triedros móveis, cada um com um sistema de giro independente, possibilitava que o local estivesse a cada hora com uma configuração de tonalidades diferentes.

QUEM **AGÊNCIA FRACTA**
QUANDO **JANEIRO DE 2012**
ONDE **SÃO PAULO FASHION WEEK / BIENAL DO IBIRAPUERA**
O QUE **CRIAÇÃO, PROJETO E EXECUÇÃO DE CENOGRAFIA**

As cores ganham força e transformam os espaços, assim como na maquiagem elas são elementos decisivos de transformação. A implantação foi feita de maneira não ortogonal, possibilitando ângulos e a criação de lounges entre os espaços vazios.

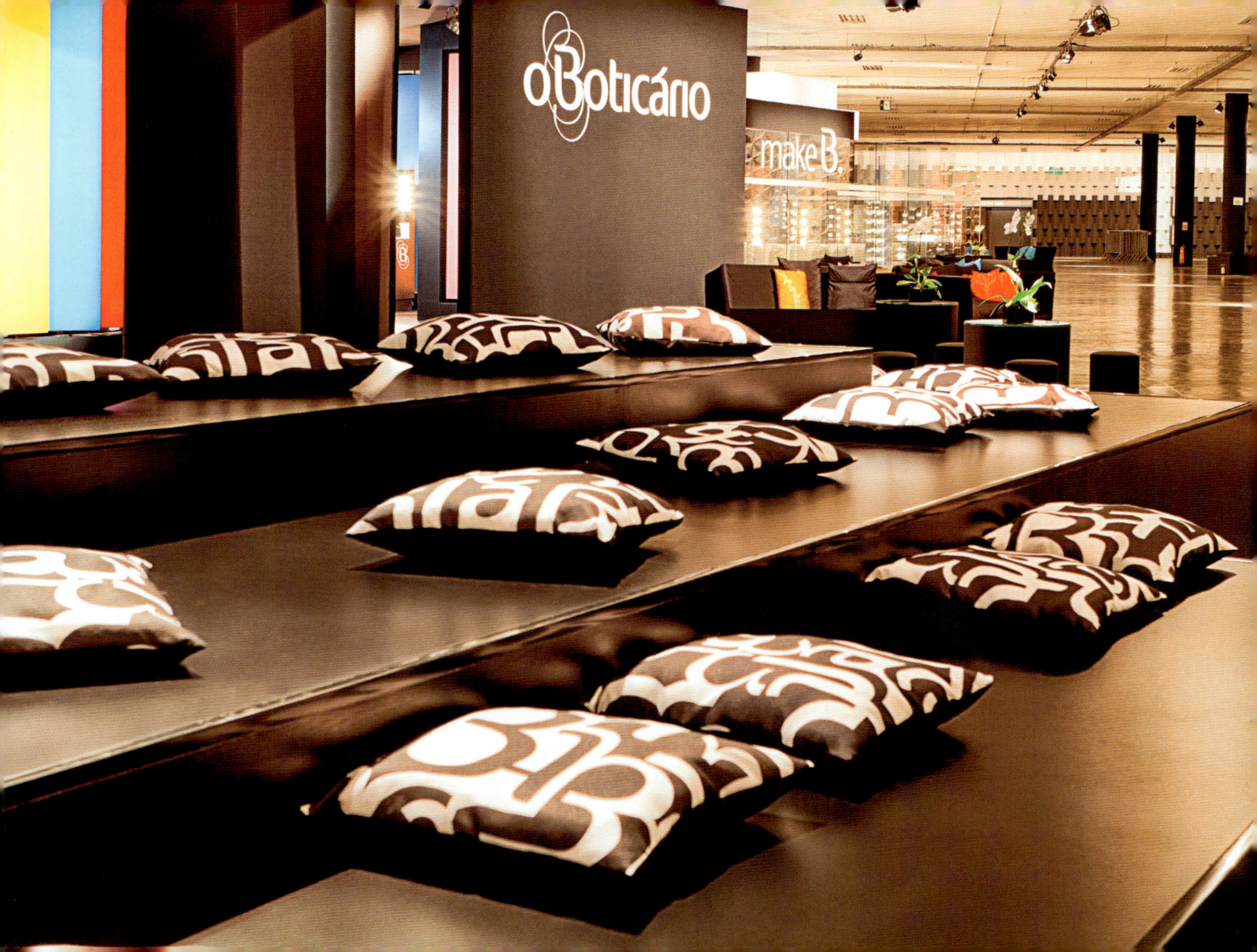
oBoticário
make B.

JUNHO 2012 — EDIÇÃO 3

No conceito Miami Sunset, listras horizontais percorriam todo o comprimento do estande, reproduzindo a beleza de um pôr do sol. >> O efeito dos raios de sol foi trazido pela cor preta, que recebia breezes de iluminação de LED intercalados com a força do elemento cor.

QUEM **AGÊNCIA AS MENINAS**
QUANDO **JUNHO DE 2012**
ONDE **SÃO PAULO FASHION WEEK / BIENAL DO IBIRAPUERA**
O QUE **CRIAÇÃO, PROJETO E EXECUÇÃO DE CENOGRAFIA**

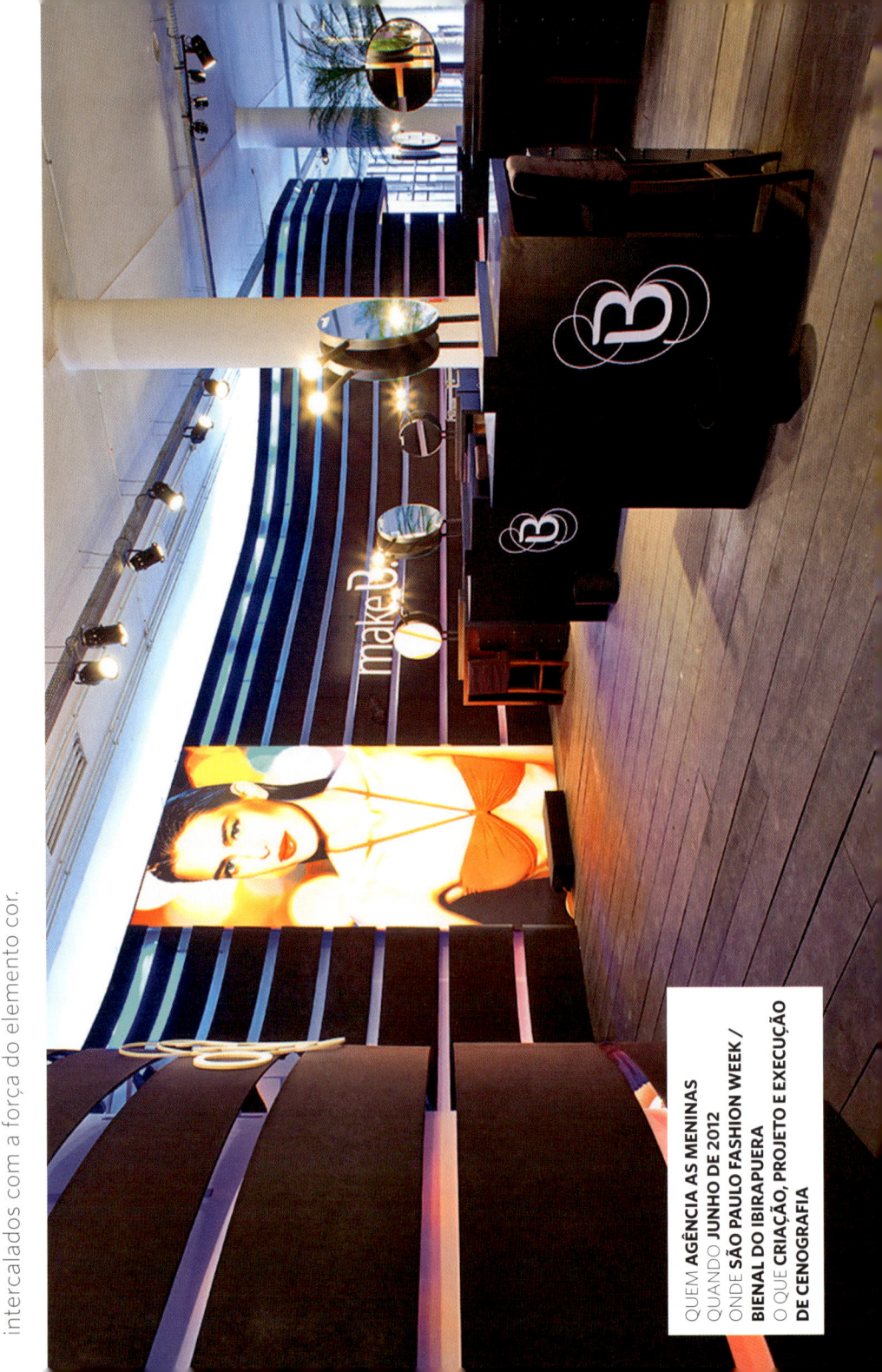

Estações de maquiagem, sala vip, sala para aula, bar, lounges, arquibancada e vitrine. Em todos os espaços os elementos foram executados na cor preta, realçando a dramaticidade de um pôr do sol, com emoção, cor e design.

Efeito surpresa

REUNIÃO DA DIRETORIA LUCKY STRIKE – DIVISÃO LATAN

Criação de um espaço para apresentar o novo material de PDV da Lucky Strike para a diretoria da América Latina. >>

A ideia era ressaltar a evolução da marca, de seu design e do material de merchandising a partir de um contraponto entre o material superantigo e o novo. Ficou clara a evolução da identidade e a cenografia transformou o momento da apresentação num evento repleto de suspense e dramaticidade.

QUEM **BIA BAHIA (PRODUÇÃO EXECUTIVA) E BRITISH AMERICAN TOBACCO (LUCKY STRIKE)**
QUANDO **ABRIL DE 2006**
ONDE **HOTEL UNIQUE, SÃO PAULO**
O QUE **CRIAÇÃO, PROJETO E EXECUÇÃO DE CENOGRAFIA**

Surpreender o usuário com a exposição das novas peças de merchandising da marca. Fazer uma revelação que mudasse o ambiente de maneira simples, mas com muito impacto e interação. O principal e decisivo recurso foi esconder as campanhas dentro de caixas de apoio com a identidade da marca. As caixas eram suspensas em momento determinado, o que reforçava o efeito inesperado. Tudo isso com muita dramaticidade trazida pela iluminação focada.

O espaço foi dividido em palco, plateia com mesas e cadeiras para trabalho e grandes caixas de metal com revestimento de lona impressa. As caixas tinham um dispositivo mecânico que fazia com que elas subissem e revelassem pequenos totens e mesas de madeira com todo o material promocional em exposição.

Múltipla criatividade e sinergia

GOOGLE CREATIVE SANDBOX E ATMOSFERA GRUNGE NO SHOW DO PEARL JAM

Um processo multidisciplinar e contemporâneo de trabalho reuniu as equipes Google, Agência Bullet e Casa Caucaia para a criação de um momento de muita interatividade tecnológica somado a uma estética e atitude grunge, dos anos 90. >> Com foco em demonstração de produtos, o espaço conseguiu ao mesmo tempo reproduzir o clima transgressor e underground do ambiente de uma garagem – local de "origem" de bandas como Pearl Jam.

QUEM **AGÊNCIA BULLET**
QUANDO **NOVEMBRO DE 2011**
ONDE **ESTÁDIO DO MORUMBI E FUNDAÇÃO MARIA LUISA E OSCAR AMERICANO, SÃO PAULO**
O QUE **CRIAÇÃO, PROJETO E EXECUÇÃO DE CENOGRAFIA**

Acima, o grupo de artistas Mulheres Barbadas em ação. A Recepção e a Logística ficavam na Fundação Maria Luisa e Oscar Americano, e o Camarote Google no Estádio do Morumbi.
O primeiro com o Art Project e lounges e o segundo com ativação para 14 diferentes produtos e serviços do Google.

Uma moldura rococó sobre uma tela artística com acesso à ferramenta de busca do Google, permitindo um passeio por qualquer museu do mundo.

Cada detalhe foi pensado para que a interatividade com os produtos e os serviços ocorresse.

O bar, ponto de demonstração do serviço "Search", tinha apenas duas telas touchscreen e dois nichos (não havia bartender em contato com o convidado). O usuário se aproximava da tela, escolhia seu drinque, que era preparado no backstage e colocado no nicho. Através de um sensor de presença, a luz do nicho se acendia e o convidado percebia que seu drinque estava pronto.

CREATIVE SANDBOX

Com a colaboração da Agência Bullet, foram desenvolvidas soluções sofisticadas e criativas para que a alta tecnologia Google e os equipamentos de última geração não estivessem explícitos no ambiente. É o caso do "Google Product Videos", em que telas e computadores foram embutidos em barris de lata com base de blocos de concreto.

As soluções de instalação e composição de cenário exploraram ao máximo as possibilidades de cada material, mantendo-os o mais originais possível.

Cuidado em 4 estações

NATIVA SPA / O BOTICÁRIO, NO FASHION RIO

Num ambiente onde se respirava beleza de todas as formas, nada melhor que um espaço para o público parar um pouquinho e cuidar de si, da sua própria beleza. >> A solução foi a recriação do passo a passo da experiência diária de cuidados pessoais da mulher – uma experiência traduzida em quatro estações.

QUEM **AGÊNCIA FRACTA E O BOTICÁRIO**
QUANDO **JANEIRO DE 2012**
ONDE **FASHION RIO, NO PÍER MAUÁ**
O QUE **CRIAÇÃO, PROJETO E EXECUÇÃO DE CENOGRAFIA**

CREMOSIDADE
ENERGIA
EXPERIÊNCIA

Para criar uma experiência verdadeira entre o público e os produtos, foram destacadas características inerentes à linha, como os conceitos de suculência e cremosidade, representadas pelo aplique de estofados brancos em forma orgânica; vitalidade e energia, com a instalação de tampas de produto em degradê colorido; e beleza, pelas curvas do espaço contrastando com um revestimento de madeira claro e delicado.

nativaSPA
Banho

Um lounge, como recorte da vida real, foi dividido em quatro estações para vivenciar as quatro famílias de produtos da linha Nativa Spa.

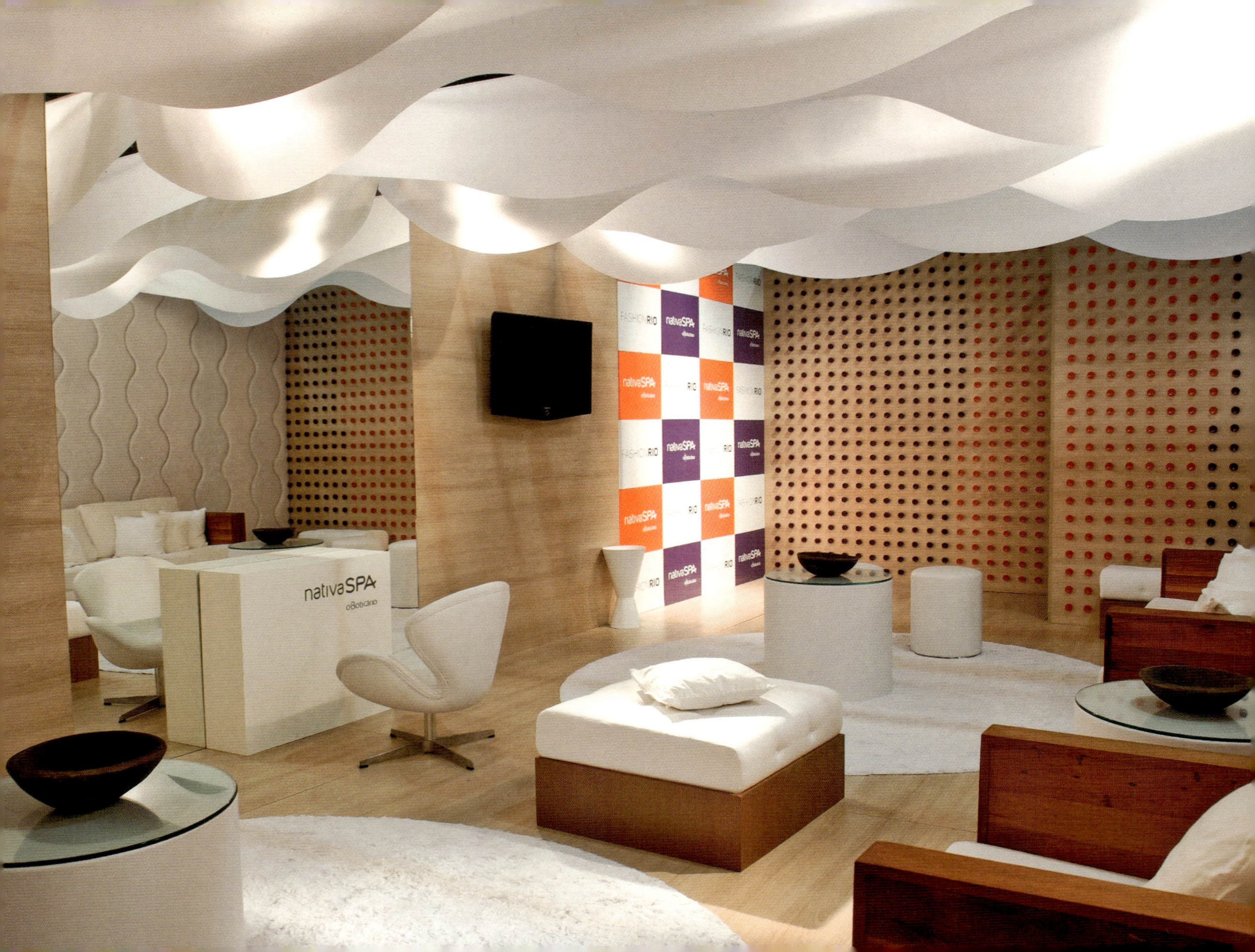
nativaSPA
FASHION RIO

nativaSPA oBoticário
Hidratação

Explosão de cheiros e cores que renovam. Nativa SPA nutre e perfuma o corpo todo. Sua textura rica em óleos, recuperando a brilho e a maciez em uma pele bem tratada. A cheiro de vida.

nativaSPA
oBoticário

Perfumaria

Uma experiência que envolve
o prazer dos sentidos.

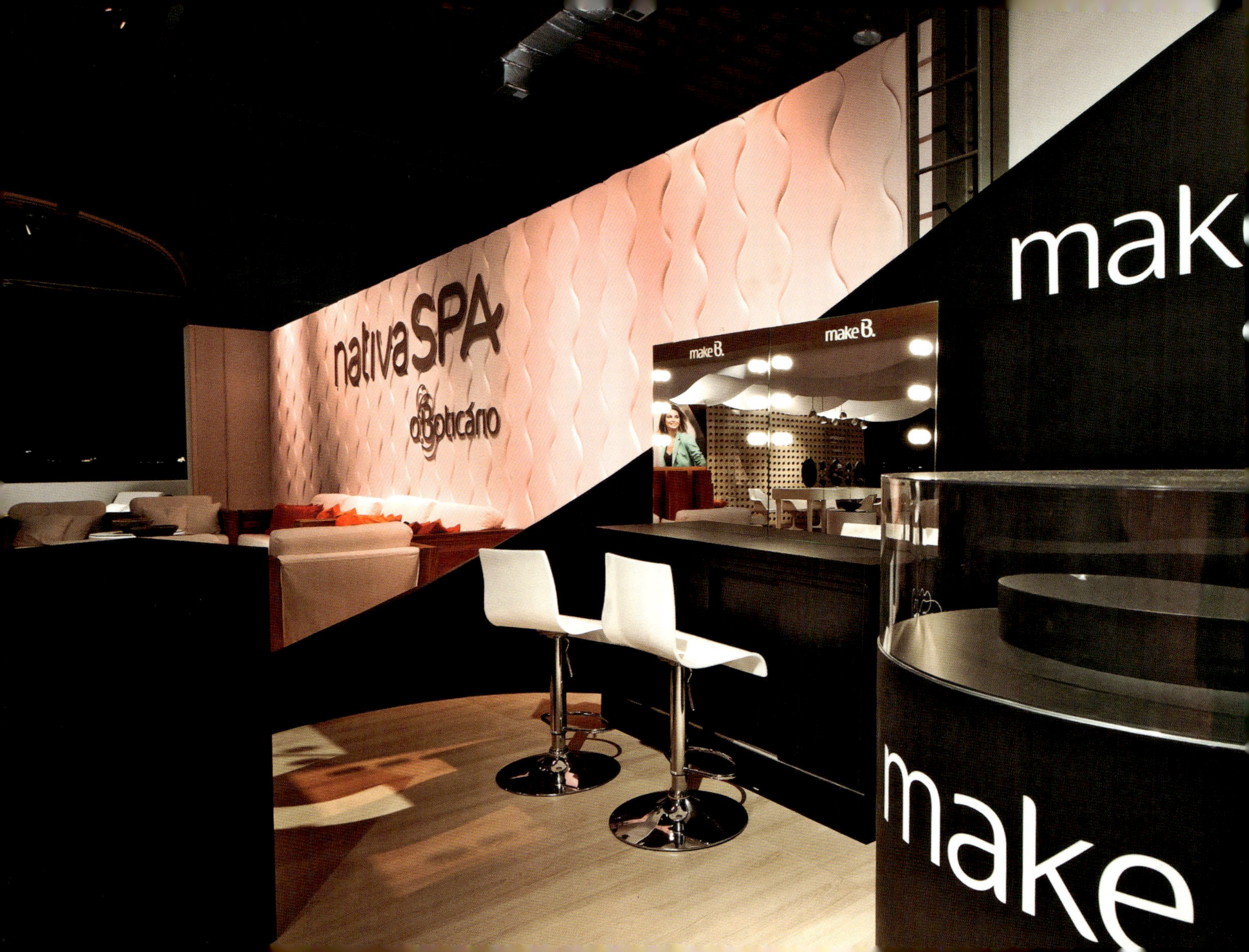
nativaSPA
oBoticário
make B.
make B.
make
make

Banho – O vapor do chuveiro era o elemento a ser sentido.
Hidratação – O estofado da cama e a massagem relembravam o toque na pele.
Cabelo – A madeira fez a conexão com a tradicional penteadeira, e o cuidado com o cabelo ganha vida.
Perfumes – Um espaço de vidro coloca a mulher em contato com os frascos de perfume.

nativaSPA

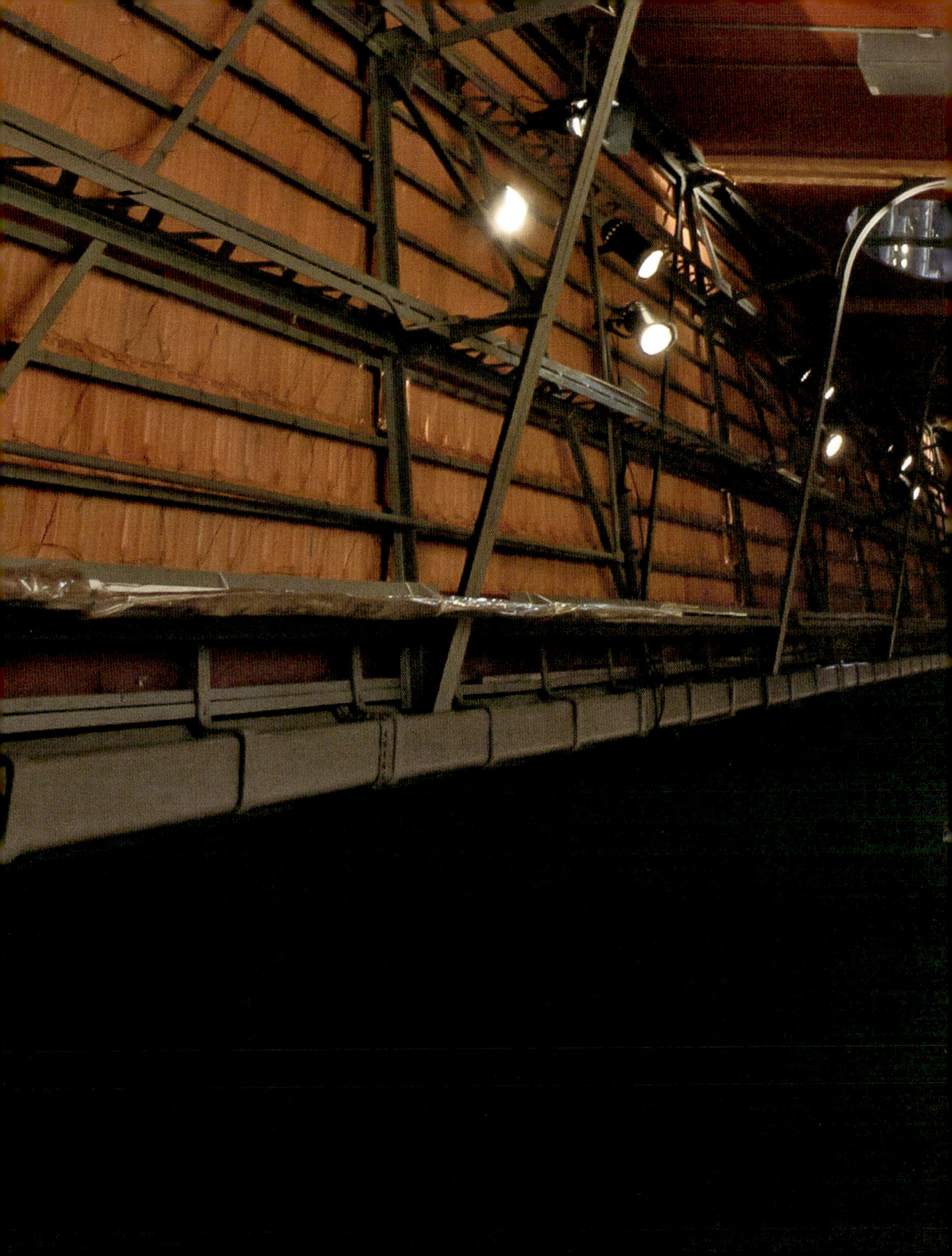

nativaSPA

Arquitetura Inflama

ARQUITETURA E AMBIENTAÇÃO PARA A AGÊNCIA INFLAMA, NO RIO DE JANEIRO

Projetar um espaço para escancarar o inflamar da criatividade. >> A solução foi trazer aos olhos a sensação e a percepção da criatividade non stop, colocando o processo criativo em contato visual direto com quem visita a agência.

QUEM **TALKABILITY GROUP – INFLAMA RIO**
QUANDO **MAIO DE 2012**
ONDE **BAIRRO DA GLÓRIA, RIO DE JANEIRO**
O QUE **CRIAÇÃO, PROJETO E EXECUÇÃO DE ARQUITETURA DE INTERIORES**

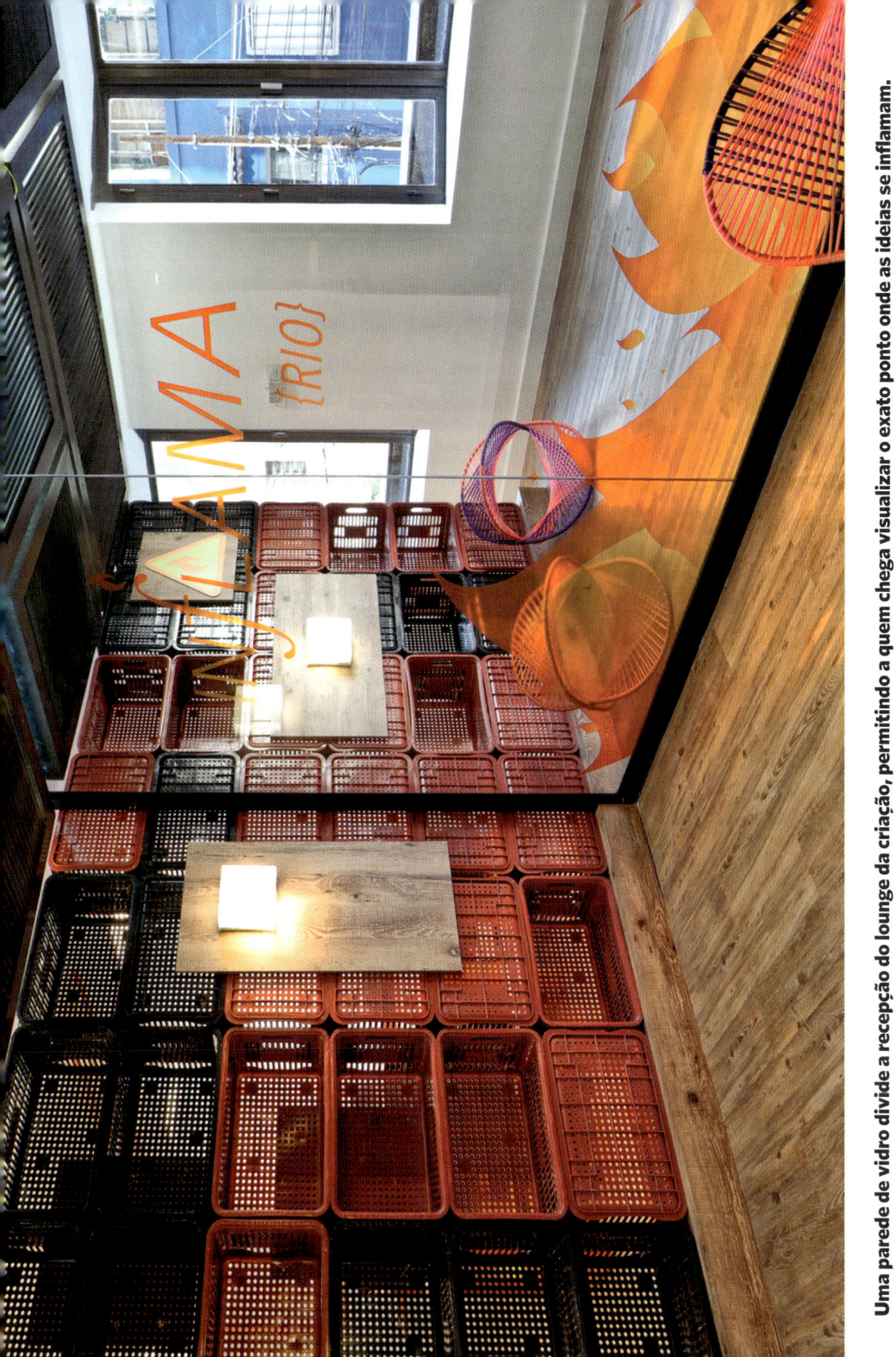

Uma parede de vidro divide a recepção do lounge da criação, permitindo a quem chega visualizar o exato ponto onde as ideias se inflamam. O espaço foi dividido por duas prateleiras de caixotes de plástico, com composição de quadrados de madeira e luminárias – uma divisória totalmente inusitada e eficiente na reutilização e reciclagem de materiais.

Mesa de reunião feita de madeira com o logotipo da agência queimado ao centro.

Detalhe para o mobiliário personalizado e disposto de maneira irregular. As mesas foram feitas de madeira com estrutura metálica, na cor vermelho-bombeiro. Toda a parte de cabeamento elétrico foi embutida e finalizada com adaptadores especiais, garantindo um acabamento clean para as mesas.

Um jantar romântico e lúdico

CENOGRAFIA E AMBIENTAÇÃO PARA O CUBO, NA HAVAIANAS CONCEPT STORE

Nada mais romântico que um jantar à luz do luar, em um ambiente aconchegante e cheio de charme. >> Esse conceito inspirou o cenário perfeito preparado para o lançamento das sandálias do Pato Donald e da Margarida, em edição especial que marca a comemoração do Dia dos Namorados.

QUEM **ALPARGATAS**
QUANDO **JUNHO DE 2013**
ONDE **HAVAIANAS CONCEPT STORE, EM SÃO PAULO**
O QUE **CRIAÇÃO, PROJETO E EXECUÇÃO DE CENOGRAFIA**

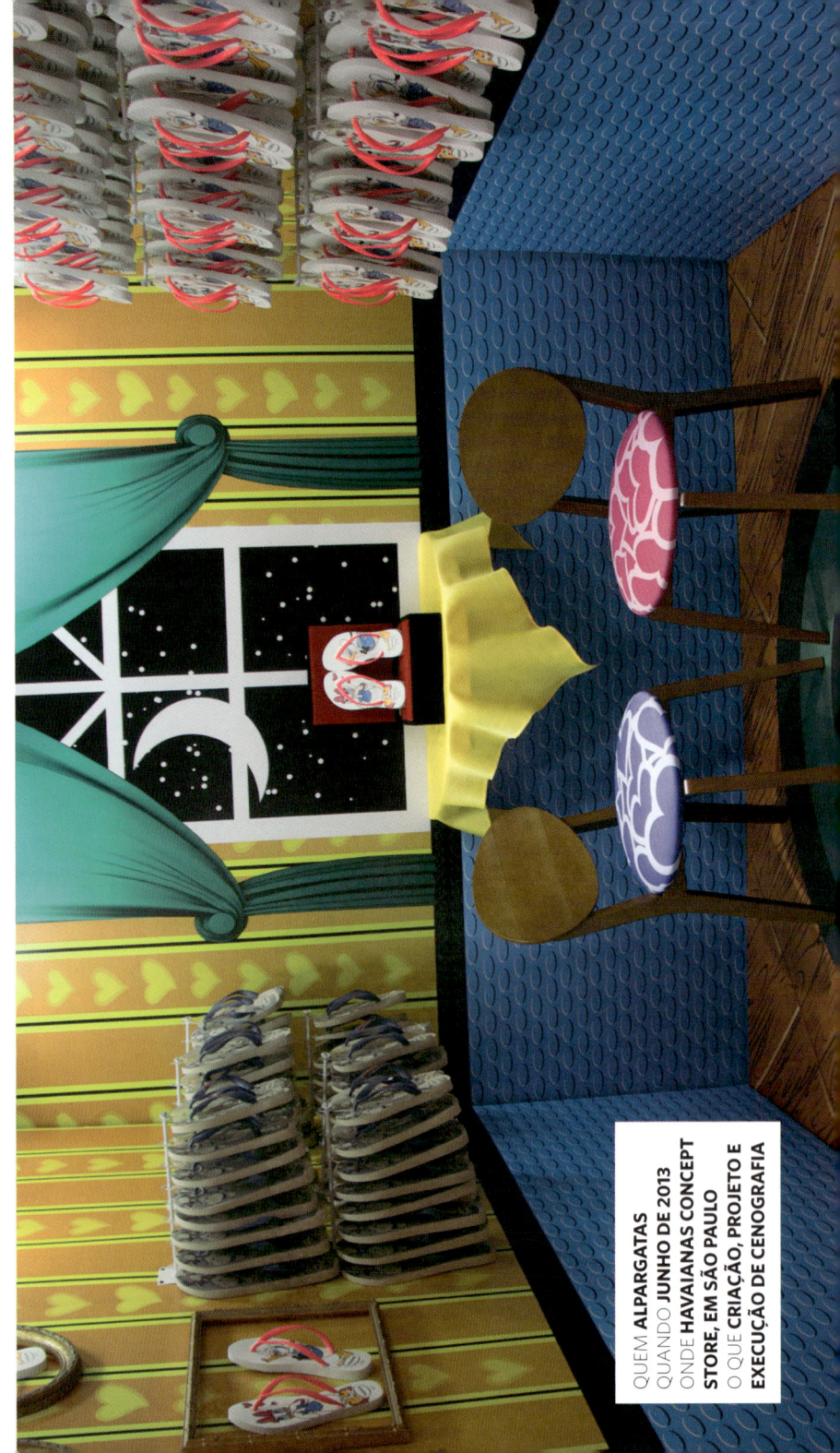

O projeto considerou o clima e o encantamento do universo Disney para criar texturas e formas que transportassem o visitante para dentro de um desenho ou de uma história em quadrinhos. No espaço, a mistura de fundos impressos com elementos reais estimulava a percepção e exibia as novas sandálias de um jeito charmoso.

O papel de parede, com elementos Disney, divide espaço com as faixas que reproduzem a textura do calçado. Os assentos das cadeiras remetem ao romantismo dos personagens, que também está presente na caixa de alianças para o par de sandálias.

Mergulho no shopping

LOJA AQUÁTICA PARA O LANÇAMENTO DO CELULAR XPERIA Z1, NO JK IGUATEMI

Qual a maneira mais inusitada de apresentar um aparelho à prova d'água? >> O projeto contempla uma loja com um tanque de 8 mil litros de água, onde o promotor de vendas é um mergulhador.

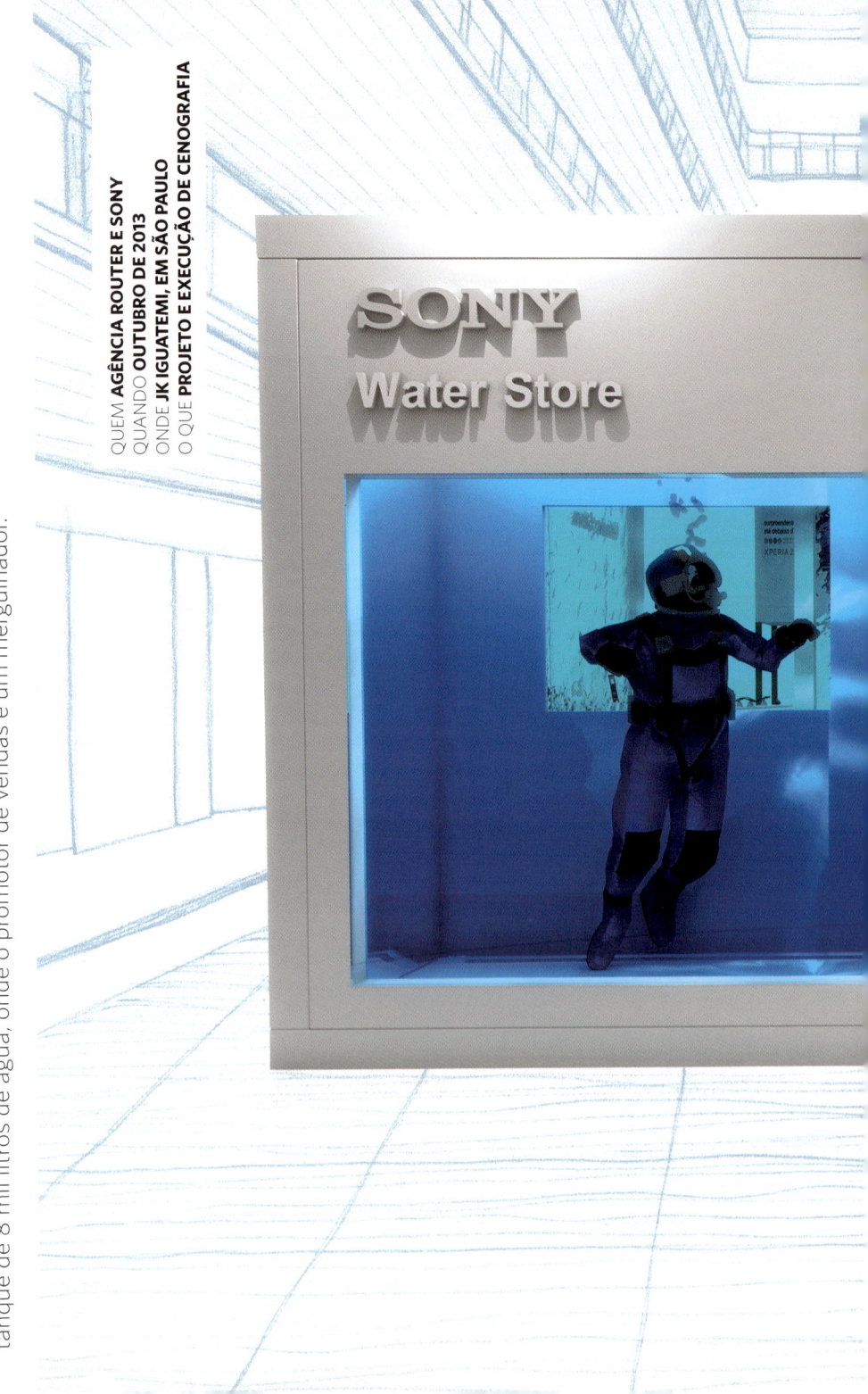

QUEM **AGÊNCIA ROUTER E SONY**
QUANDO **OUTUBRO DE 2013**
ONDE **JK IGUATEMI, EM SÃO PAULO**
O QUE **PROJETO E EXECUÇÃO DE CENOGRAFIA**

Ousadia combinava com um dos diferenciais do novo aparelho celular: ser à prova d'água. Por isso a ideia da "water store".

Para dar a sensação de mergulho, todas as paredes da loja eram planos de vidro com queda d'água. O tanque com capacidade para dois mergulhadores ocupava um terço da área da loja, posicionada no corredor do shopping. A experiência ficou ainda mais real com a instalação de uma caixa estanque, por onde o visitante passava o novo celular ao mergulhador, que tirava foto com o aparelho embaixo da água.

Além das paredes, o teto também foi executado com duas lâminas de vidro e água entre elas. Grandes painéis exibiam detalhes do lançamento da Sony, sempre com imagens aquáticas.

Google, a cara do Brasil, mas sem clichês!

EVENTO PARA DIVULGAÇÃO DOS SERVIÇOS GOOGLE, INSTITUTO TOMIE OHTAKE, SÃO PAULO

Uma cenografia para representar tudo que as identidades Brasil e Google têm em comum: simplicidade e fairplay. >>

Auditório para convenção e simpósios, área de interação com exposição dos principais serviços Google, e ainda uma varanda com cobertura de lona cristal e jardim rústico – diferentes ambientes, em comum o jeito Google de ser.

QUEM **AGÊNCIA BULLET E GOOGLE**
QUANDO **AGOSTO DE 2012**
ONDE **INSTITUTO TOMIE OHTAKE**
O QUE **CRIAÇÃO, PROJETO E EXECUÇÃO DE CENOGRAFIA**

O projeto fez com que toda a simplicidade da marca Google fosse somada a aspectos de brasilidade, sem cair nos clichês de futebol e samba. O espaço tinha que ser sofisticado, pois receberia a primeira visita do VP Mundial ao Brasil, mas sem exageros.
A ideia não foi transformar o espaço, e sim implantar o "googleness" em todos os espaços, com o auxílio de interferências cenográficas na medida certa.

Logotipo em letra caixa recortado "flutuando" sobre o parapeito do prédio, compondo o sightseeing da cidade de São Paulo. Em todos os ambientes a integração de áreas brancas, toques suaves de cor, paredes de vegetação e um mobiliário de madeira com design austero.

Um lugar para a história

CENTRO DE MEMÓRIA JULIO SIMÕES

O espaço apresenta a narrativa da vida e do sucesso do Sr. Julio Simões, que do transporte de frutas num caminhão dirigido por ele mesmo criou a Julio Simões Logística. >> A maior empresa do Brasil na área de logística e uma das maiores da América Latina.

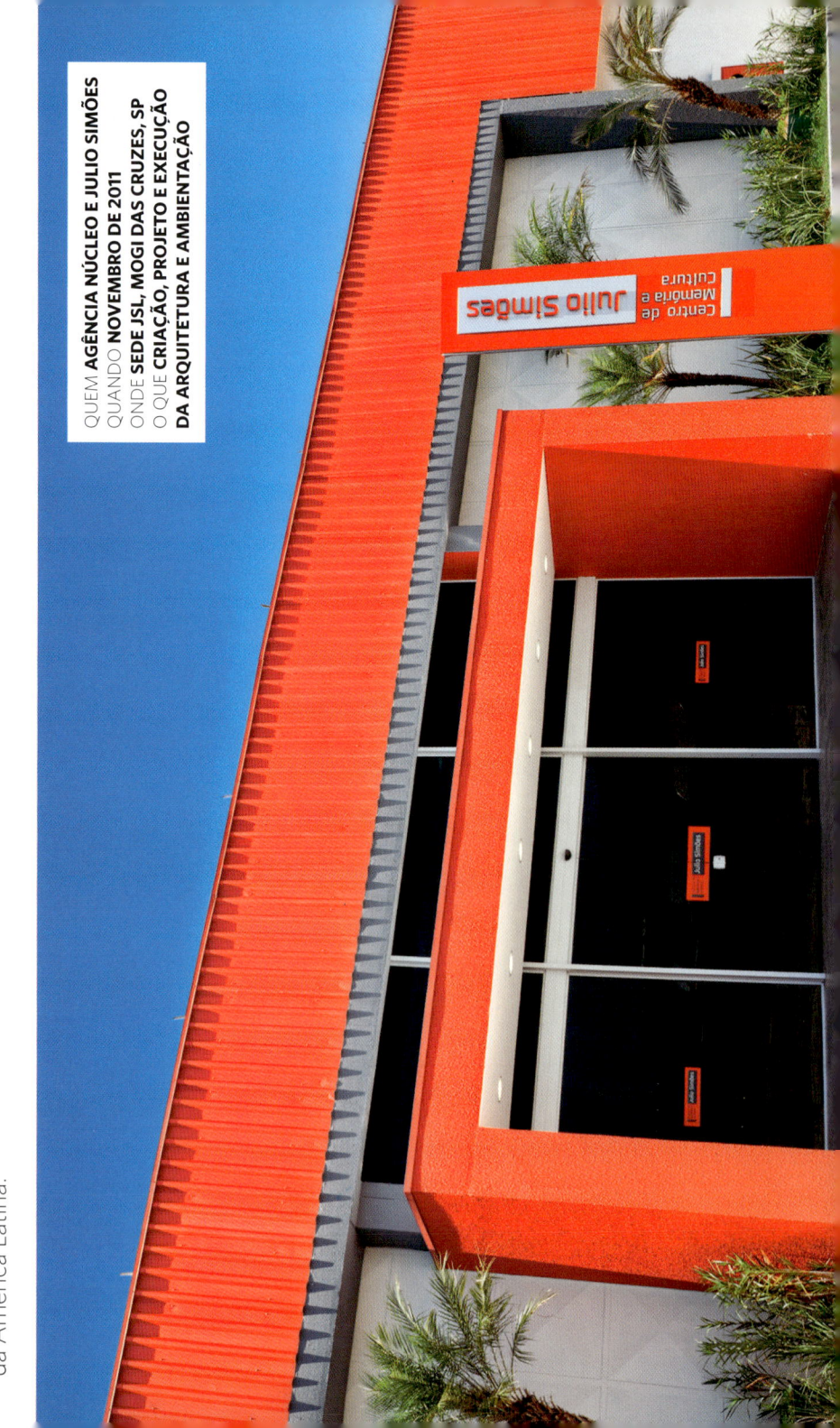

QUEM **AGÊNCIA NÚCLEO E JULIO SIMÕES**
QUANDO **NOVEMBRO DE 2011**
ONDE **SEDE JSL, MOGI DAS CRUZES, SP**
O QUE **CRIAÇÃO, PROJETO E EXECUÇÃO DA ARQUITETURA E AMBIENTAÇÃO**

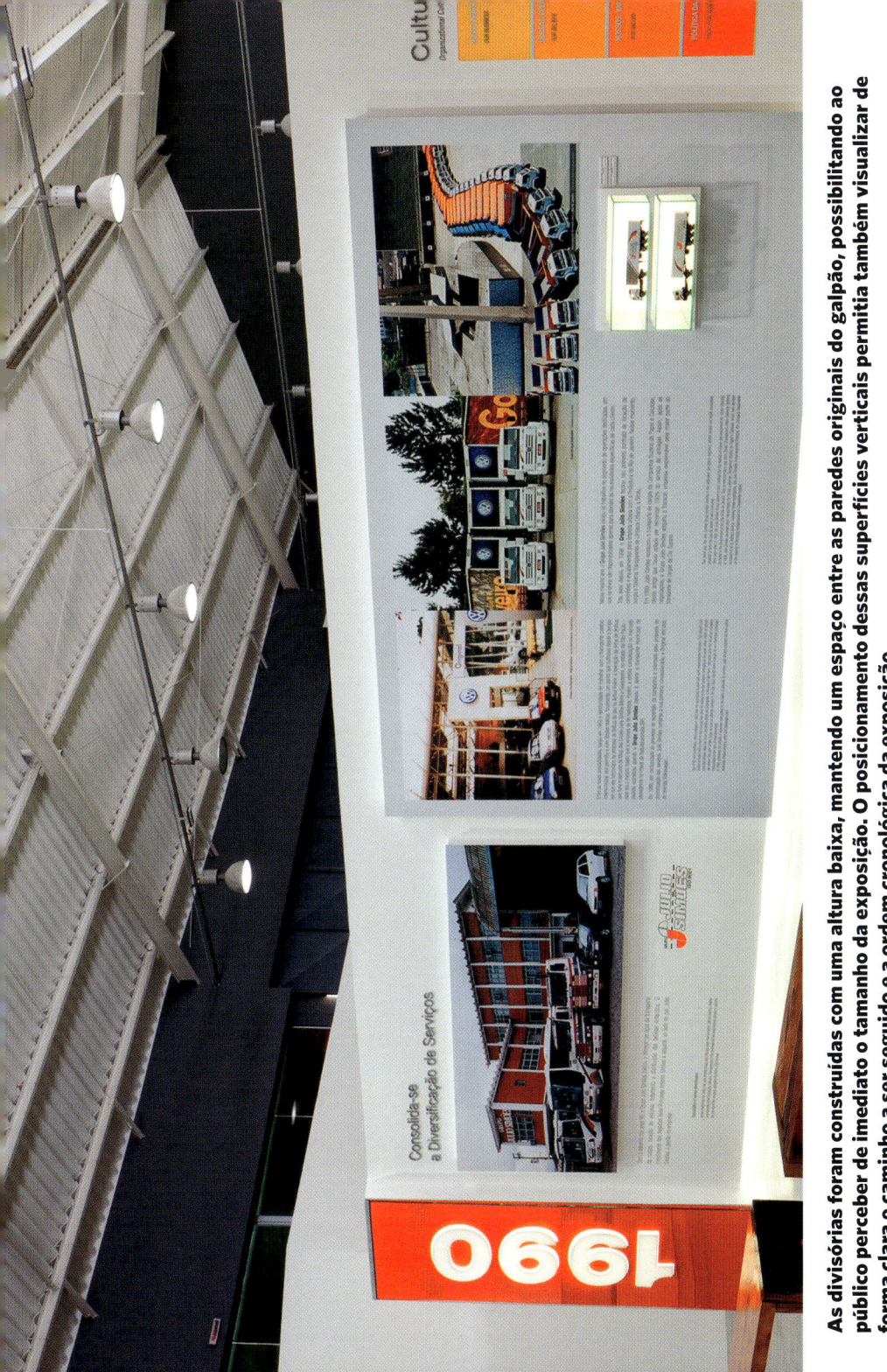

As divisórias foram construídas com uma altura baixa, mantendo um espaço entre as paredes originais do galpão, possibilitando ao público perceber de imediato o tamanho da exposição. O posicionamento dessas superfícies verticais permitia também visualizar de forma clara o caminho a ser seguido e a ordem cronológica da exposição.
Cada parede funcionava como um painel que contava a história de um determinado período, ao mesmo tempo que antecipava a próxima etapa da exposição.

Na entrada, foto do Sr. Julio Simões e um túnel de acesso com as primeiras informações de sua vida.

Um criterioso estudo museológico, feito por especialistas, norteou o conteúdo da exposição, que foi dividida em sete décadas. O processo possibilitou organizar os elementos de forma que trouxessem coerência e um nível de detalhamento bastante alto. Um projeto que permitiu ao espaço refletir a rica experiência contida na trajetória de toda uma vida.

Júlio Simões

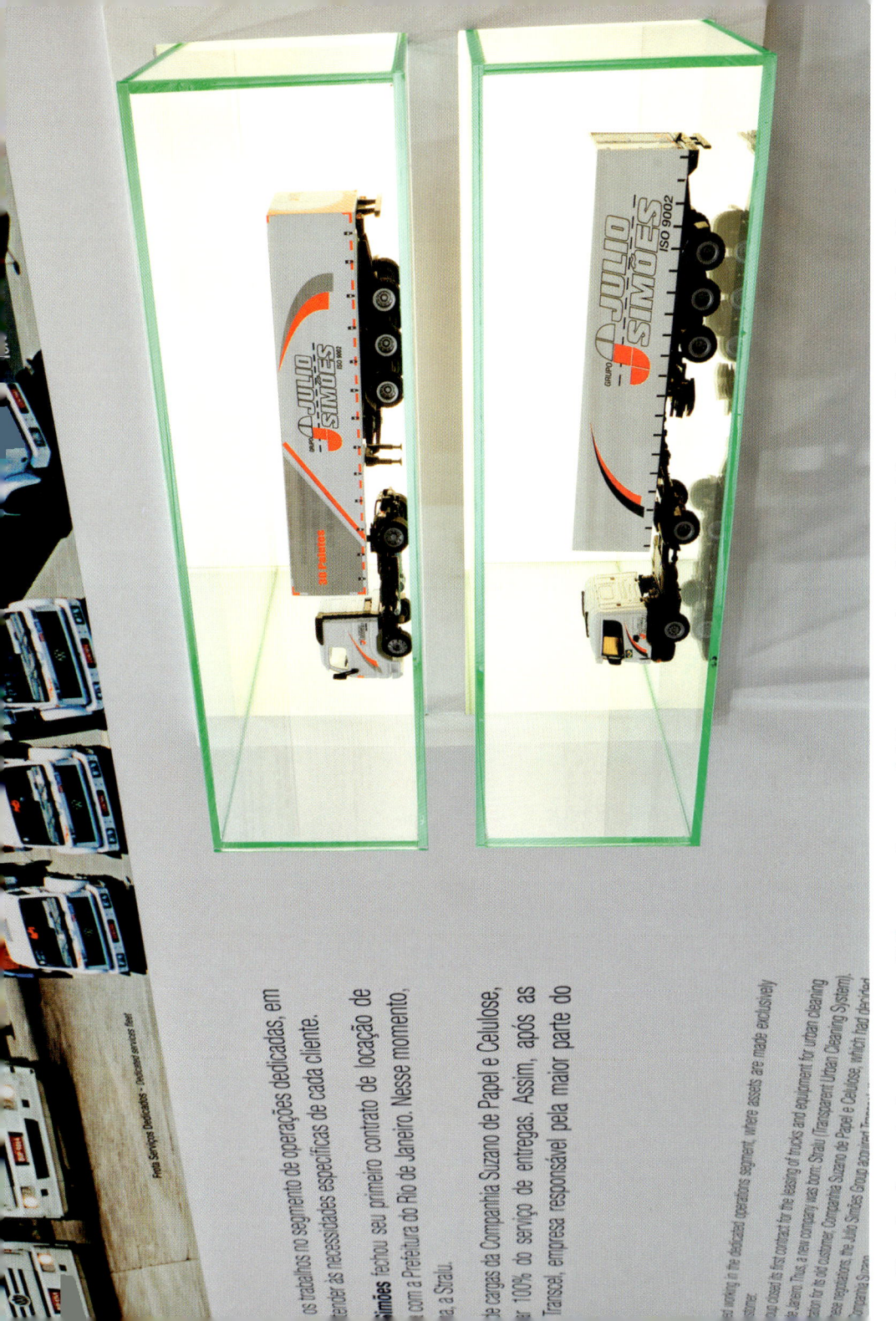

Na primeira parte do percurso, o público encontra o caminhão que deu origem à JSL e inicia o caminho através das décadas.

Se a Oi fosse um cara, essa seria a sua casa

CASA OI NA SÃO PAULO FASHION WEEK

Um ambiente tão próximo e descontraído como um Oi. >> Móveis de design, mesa de DJ, LPs, paredes de tijolo à vista, livros e objetos cheios de personalidade. Foram mais de 800 elementos escolhidos a dedo para compor o espaço.

QUEM **AGÊNCIA COLAB E OI**
QUANDO **JUNHO DE 2011**
ONDE **SÃO PAULO FASHION WEEK / BIENAL DO IBIRAPUERA**
O QUE **CRIAÇÃO E EXECUÇÃO DE PROJETO DE CENOGRAFIA**

Se a Oi fosse um cara, esse cara teria entre 25 e 40 anos. Moderno, de atitudes conscientes em relação à ecologia e à sustentabilidade, trabalhador e de bom gosto, antenado com a moda, decoração, design, estilo e look and feel. Uma pessoa do mundo.
Esse projeto trouxe à luz o que seria a casa de um Oi. Um apartamento aberto, rústico, com mobiliário moderno e ambientado com peças de decoração inusitadas, como uma geladeira antiga com um pinguim em cima.

Uma lousa gigante com uma bicicleta personalizada, tendência e identidade da marca Oi.

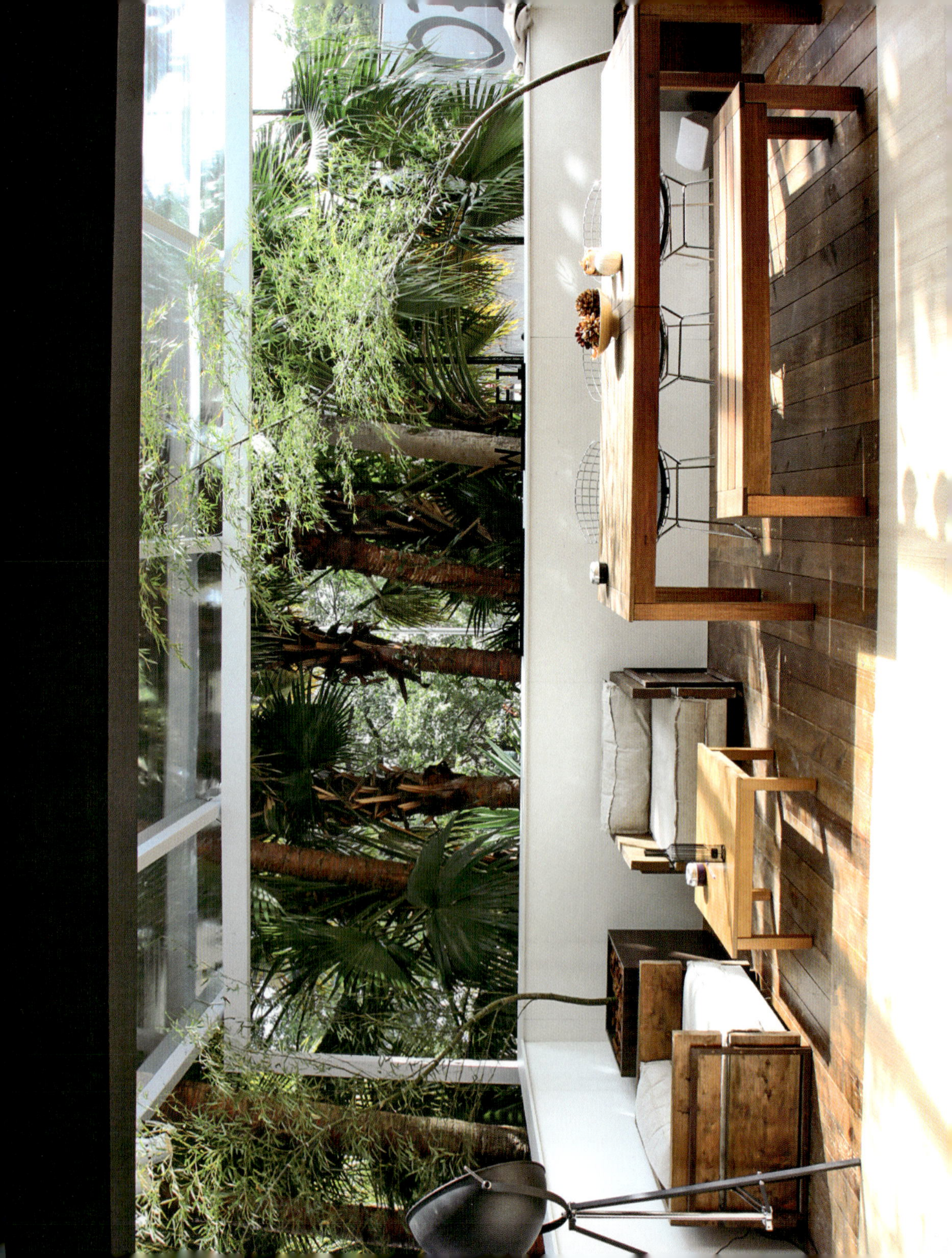

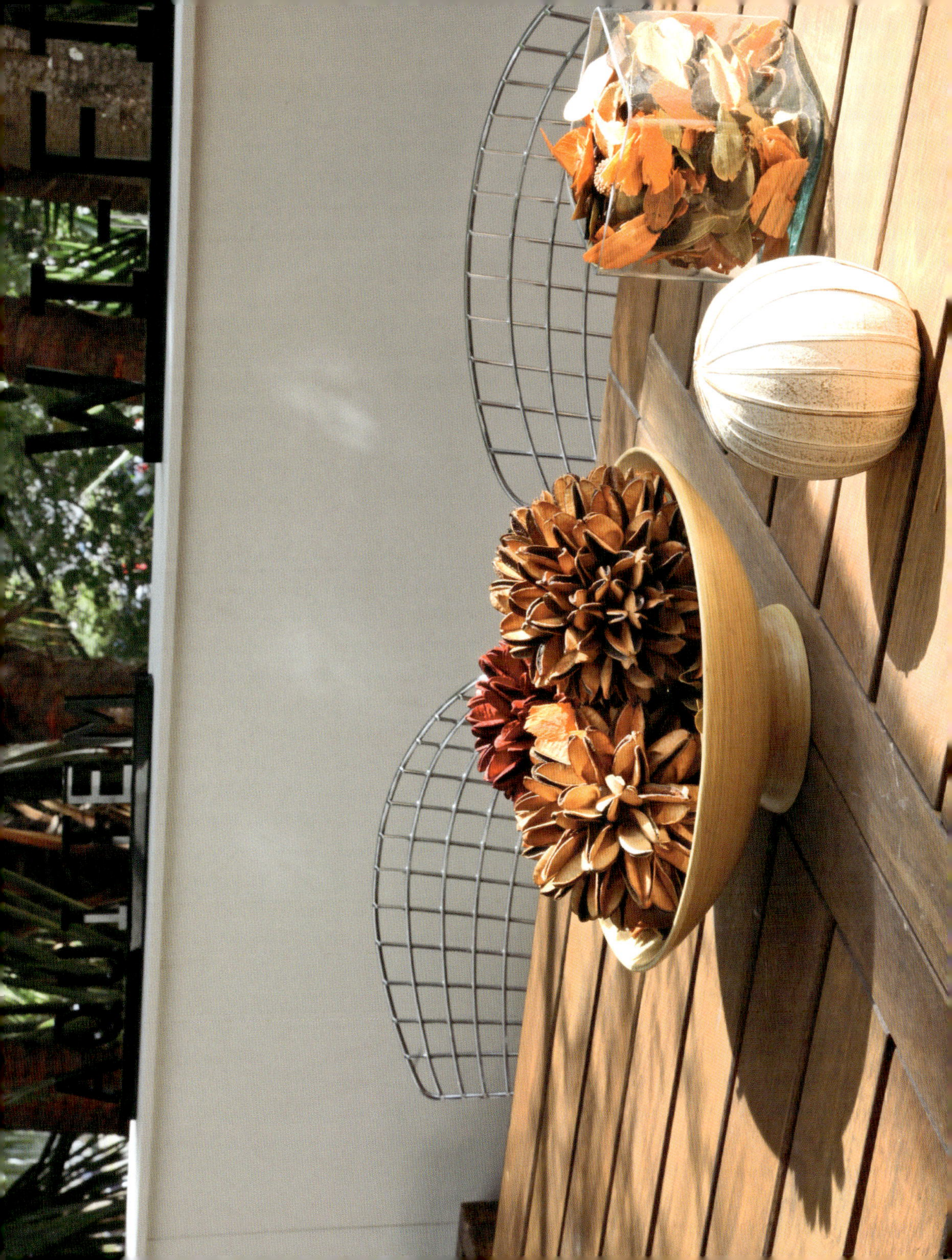

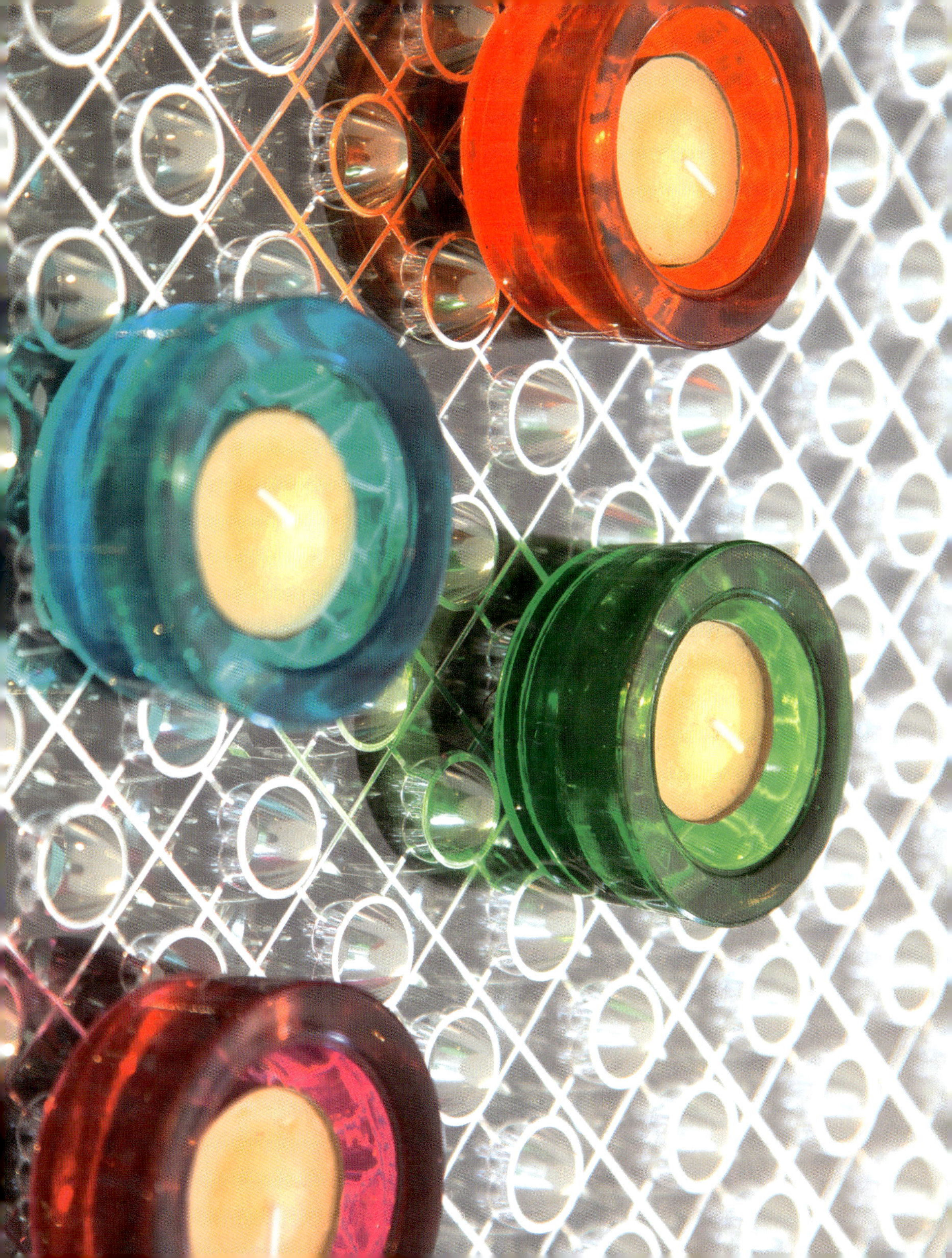

Como um loft, o espaço continha uma grande sala de estar com DJ e uma prateleira com discos e objetos, uma cozinha atendendo como bar, um escritório como sala de imprensa e uma varanda feita de materiais recicláveis e renováveis.

Um jardim vertical em caixas de feira empilhadas e muito uso de madeira aparente – tendência da identidade da casa Oi.

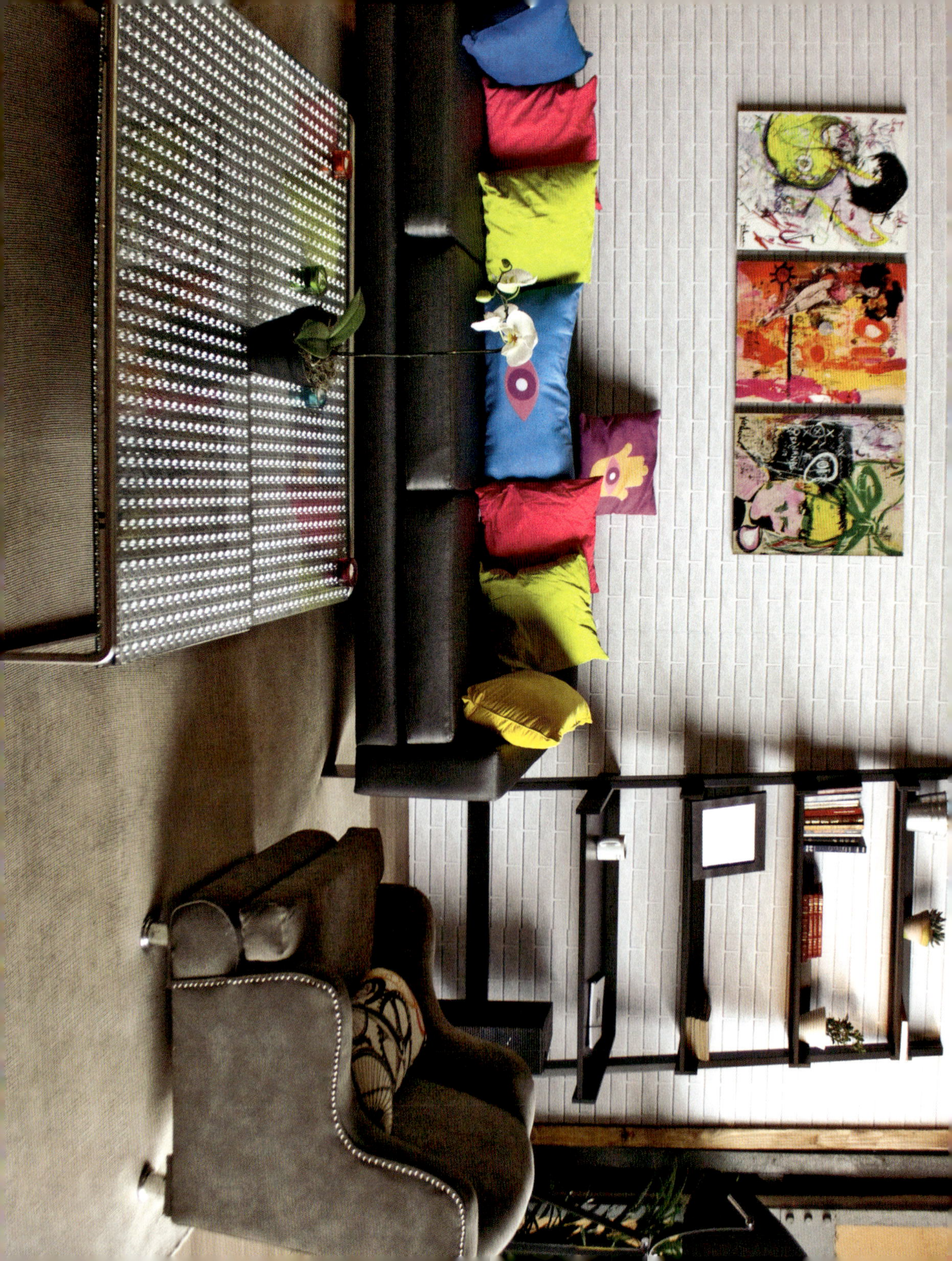

Tão próximo e descontraído como um Oi

CASA OI SÃO PAULO FASHION WEEK

Do tijolo aparente (cenográfico) à parede de ladrilho hidráulico, ou da parede de lousa à mesa do DJ – tudo em harmonia e com bom gosto. >> Todos os visitantes deveriam se sentir à vontade e em casa.

QUEM **AGÊNCIA COLAB E OI**
QUANDO **JUNHO DE 2011**
ONDE **SÃO PAULO FASHION WEEK / BIENAL DO IBIRAPUERA**
O QUE **CRIAÇÃO E EXECUÇÃO DE PROJETO DE CENOGRAFIA**

Corredor de entrada marcado por uma grade, com placas e avisos que indicavam o caminho para os lounges, DJs e o backdrop para fotografia. Uma plenária para o lançamento foi implantada no salão ao lado, com vitrines cilíndricas retroiluminadas para o produto e uma tela sobreposta a uma cortina com iluminação de lâmpadas de LED, simulando o infinito do espaço.

O grande êxito do projeto: criar uma atmosfera futurista, reproduzindo as características de uma base ultrassecreta de pesquisas espaciais, de alta tecnologia e segurança máxima.

AXE APOLLO SPACE ACADEMY
VÁ COMO HOMEM. VOLTE COMO HERÓI

AXE

Pesquisa espacial ultrassecreta

LANÇAMENTO DA CAMPANHA AXE APOLLO SPACE ACADEMY

A cenografia recriou o clima de uma base de pesquisa espacial secreta, semelhante à atmosfera de filmes de ficção científica. >> Cada espaço, desde a entrada até a sala de apresentação, foi desenhado para que o clima de suspense e emoção se tornasse um crescente, culminando com o grande momento da revelação e lançamento da promoção "Space Academy", que levaria uma pessoa ao espaço.

QUEM **AGÊNCIA BULLET**
QUANDO **JANEIRO DE 2013**
ONDE **ESPAÇO DE EVENTOS / ESTÚDIOS QUANTA, SÃO PAULO**
O QUE **CRIAÇÃO, PROJETO E EXECUÇÃO DE CENOGRAFIA**

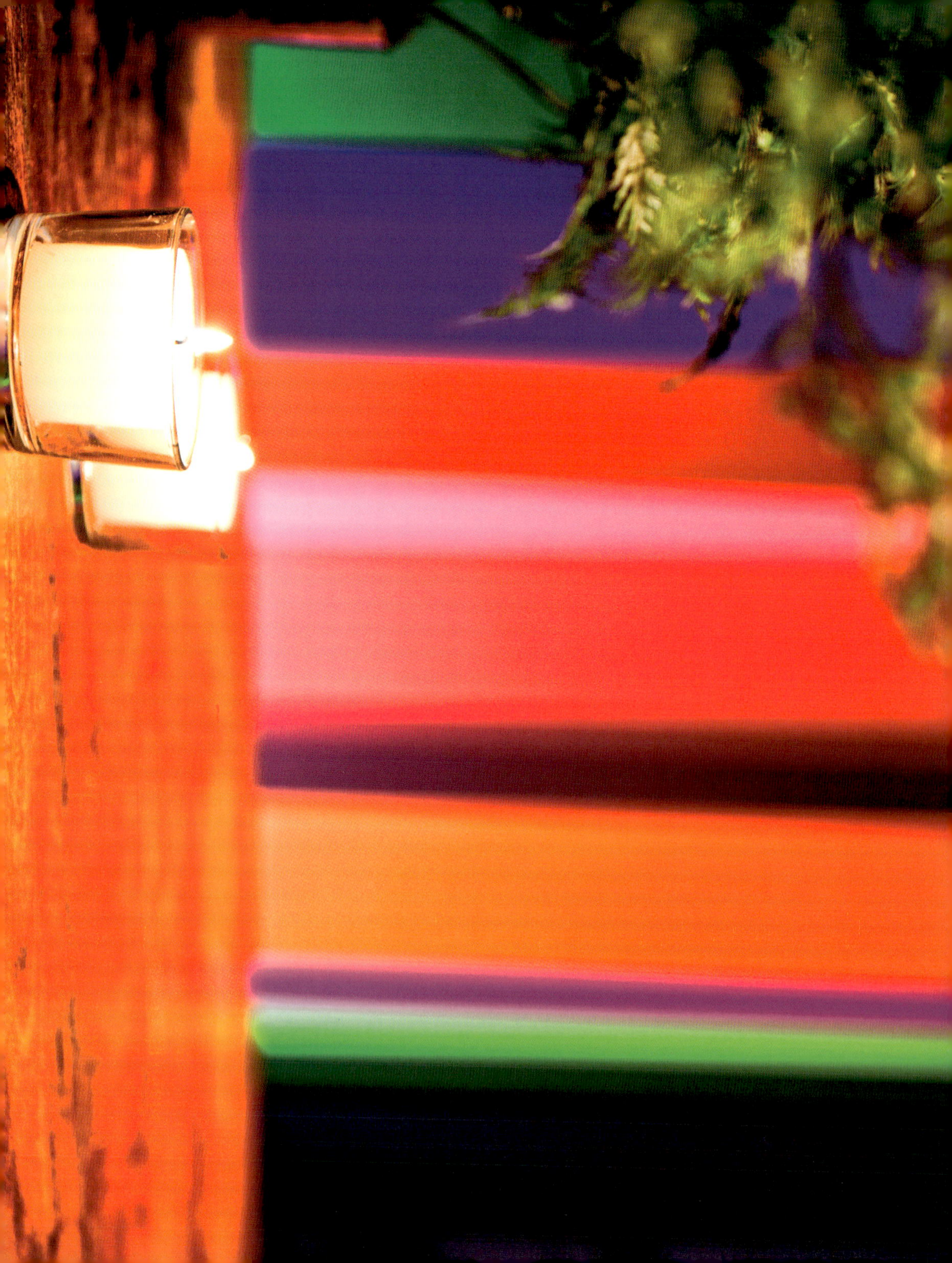

Um espaço para transmitir a sensação de saúde e bem-estar, mantendo um ar sofisticado e ao mesmo tempo repleto de simplicidade. As composições entre vegetação e temperos, mais a comunicação colorida do evento somada ao projeto luminotécnico, conseguiram criar uma atmosfera que transmitia o conceito de saúde e alimentos naturais.

SABOR

Culinária e bem-estar por Bel

A recepção foi montada com um balcão, incluindo ornamentação e um backdrop para fotos, com a comunicação visual TAM e duas paredes feitas com caixas de madeira rústica e instalação de vasos com ervas aromáticas frescas. Abaixo, o salão principal foi disposto com lounges, um palco e uma mesa central de bufê com vegetação bem verde em vasos altos.

QUEM **AGÊNCIA B / FERRAZ E TAM**
QUANDO **NOVEMBRO DE 2011**
ONDE **ESPAÇO LODUTTI, SÃO PAULO**
O QUE **CRIAÇÃO, PROJETO E EXECUÇÃO DE CENOGRAFIA**

Natureza e sofisticação – tradução para boa comida

EVENTO DE LANÇAMENTO DO NOVO CARDÁPIO TAM
Neste evento a TAM apresentou a jornalistas e formadores de opinião o seu novo TAM Cardápio. >> Destaque para a horta vertical. Esse elemento verde reforçava o lado saudável, os aromas e o aspecto visual de natureza, sem perder a sofisticação já vinculada à marca TAM.

Com o desafio de trazer para o cenário o posicionamento do carro, econômico e com engenharia inteligente, foram criados peças e espaços que refletiam a versatilidade e a economia do veículo. A base de construção para estas peças foram chapas de **MDF** com aplicação de cores, recortadas em diferentes tamanhos e encaixadas umas nas outras formando uma estrutura singular, sempre diferente, mas totalmente pensada para não haver desperdício e usar o mínimo de material para preencher o máximo de espaço.

Sem desperdício

CONVENÇÃO DE LANÇAMENTO FIAT UNO MILLE ECONOMY, FORTALEZA

Conceitos como otimização, construtivismo e despojamento foram explorados ao máximo neste projeto. >> O próprio nome do produto – "Economy" – era um aspecto do briefing e da produção, que desafiou a cenografia ao passar o conceito "sem desperdício" a partir do uso inteligente de materiais.

QUEM **AGÊNCIA GUIA MKT / FIAT DO BRASIL**
QUANDO **SETEMBRO DE 2008**
ONDE **HOTEL MARINA PARK E AUTÓDROMO DE FORTALEZA**
O QUE **CRIAÇÃO, PROJETO E EXECUÇÃO DE CENOGRAFIA**

MOTORAZ

Foram erguidas paredes de tecido branco, com um piso perimetral rebaixado coberto com grama sintética branca. Ao centro, uma ilha elevada contendo os lounges com as cadeiras BALL personalizadas e vitrines com esferas de acrílico aplicadas em postes, para demonstração de produtos.

Um papel em branco para ser completado durante o evento. A sensação de estar dentro de um grafite em execução. No centro, um lounge institucional para convivência e demonstração do conteúdo – o celular RAZR2, o lançamento, foi demonstrado em uma vitrine esférica de acrílico com uma luminária urbana de ponta-cabeça.

As poltronas BALL com revestimento personalizado e os recortes de tapete, todos na cor laranja, ao mesmo tempo que foram um contraponto ao branco inicial criaram a composição harmônica necessária para resgatar a identidade da marca Motorola para o espaço. A integração dos produtos à ambientação foi destacada em vitrines na forma de luminárias urbanas.

2007 PAPEL EM BRANCO COMO CAMINHO PARA A GÊNESE CRIATIVA

A solução determinada pelo briefing de MOTOROLA RAZR2 – uso de paredes em papel branco – abriu espaço para a performance dos artistas da Galeria Choque Cultural. As pinturas em grafite, feitas ao vivo, levaram para o ambiente a interatividade do live painting. Resultado: uma estética urbana e contemporânea.

QUEM **AG 407 E MOTOROLA BRASIL**
QUANDO **JULHO DE 2007**
ONDE **SÃO PAULO FASHION WEEK / BIENAL DO IBIRAPUERA**
O QUE **CRIAÇÃO, PROJETO E EXECUÇÃO DE CENOGRAFIA**

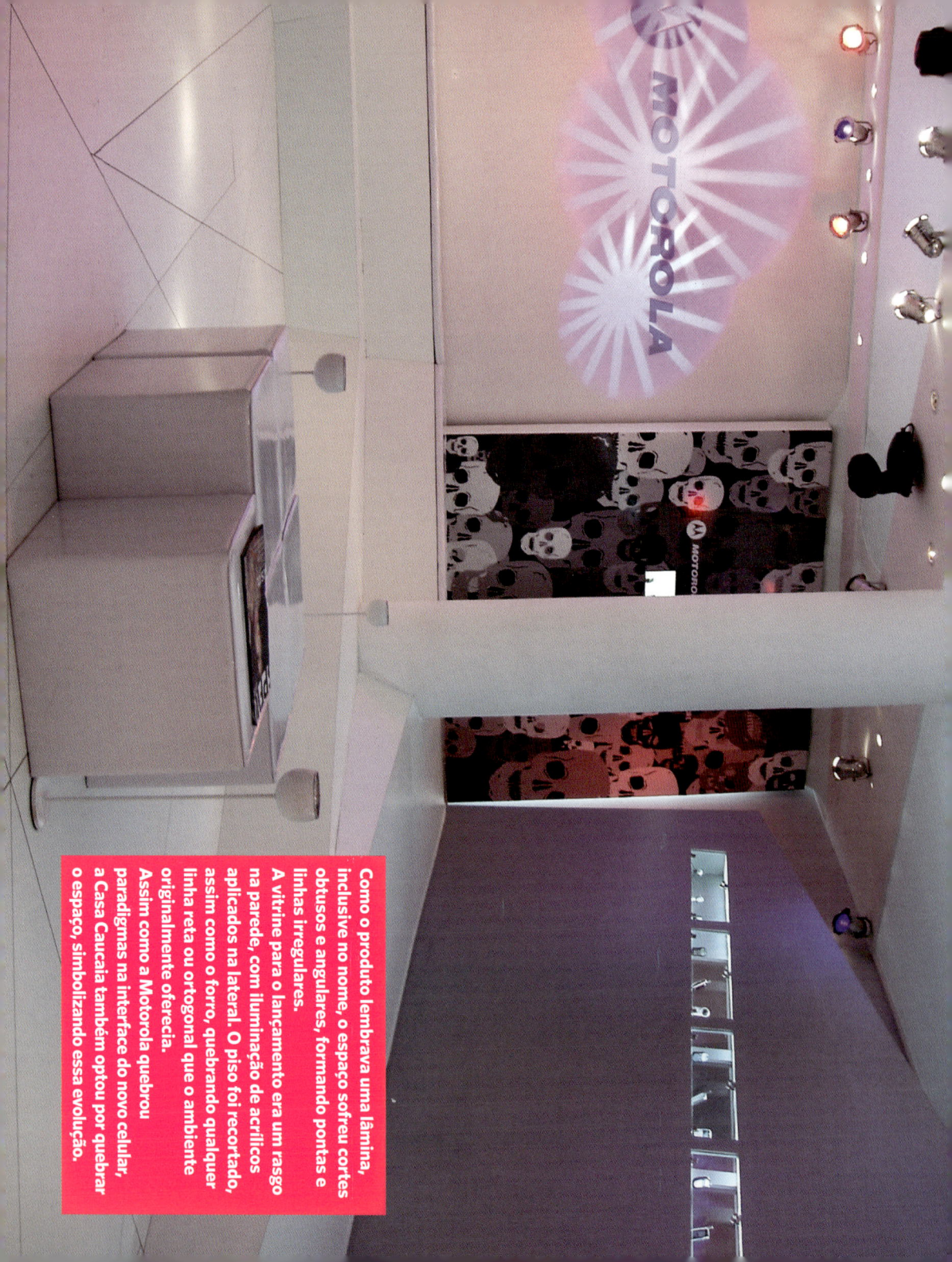

Como o produto lembrava uma lâmina, inclusive no nome, o espaço sofreu cortes obtusos e angulares, formando pontas e linhas irregulares.
A vitrine para o lançamento era um rasgo na parede, com iluminação de acrílicos aplicados na lateral. O piso foi recortado, assim como o forro, quebrando qualquer linha reta ou ortogonal que o ambiente originalmente oferecia.
Assim como a Motorola quebrou paradigmas na interface do novo celular, a Casa Caucaia também optou por quebrar o espaço, simbolizando essa evolução.

2005 SUBVERTER A INTERFACE DA CAIXA E DO ESPAÇO PARA A FORMULAÇÃO DE UM LOUNGE INOVADOR

Com o MOTORAZR V3, a Motorola superou a interface, quebrando paradigmas na concepção do produto "celular". Um sucesso de vendas, o V3 era um aparelho muito fino para os padrões da época, capaz de comunicar, entreter e informar – o princípio dos smartphones quando eles ainda nem existiam. A Casa Caucaia, seguindo essa linha, optou pela escolha de um partido assimétrico, algo muito difícil de ver na época.

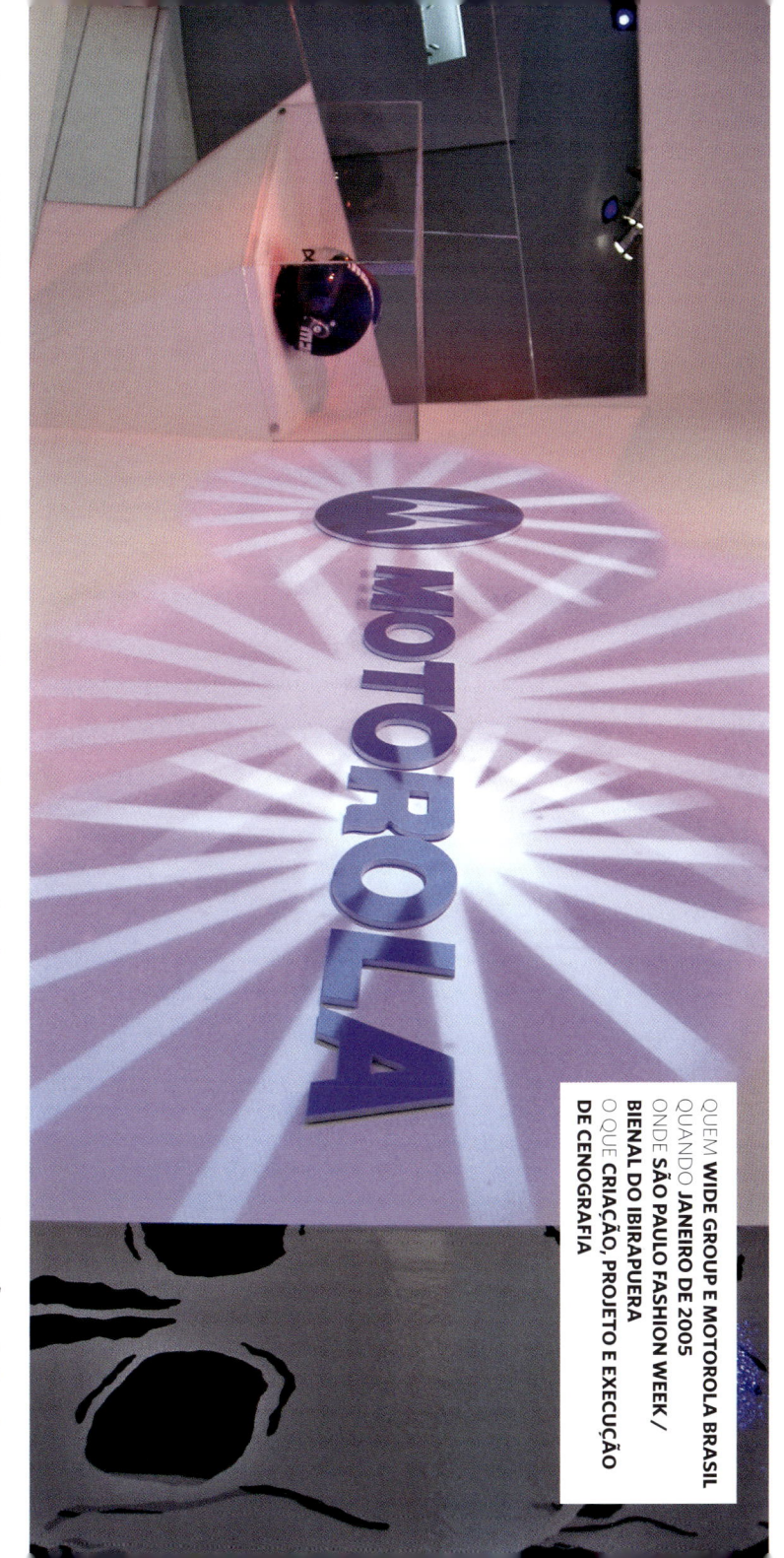

QUEM **WIDE GROUP E MOTOROLA BRASIL**
QUANDO **JANEIRO DE 2005**
ONDE **SÃO PAULO FASHION WEEK / BIENAL DO IBIRAPUERA**
O QUE **CRIAÇÃO, PROJETO E EXECUÇÃO DE CENOGRAFIA**

O espaço foi dividido em Lounge – com pufes e uma vitrine que subia acompanhando uma pequena rampa –, Bar e Área de Serviço – com redação da revista MOTOMAG e um editorial de moda.

Como forma de ressaltar os volumes e criar uma ambientação mais aconchegante, o projeto previu uma área para que as pessoas estivessem sempre no centro do ambiente. E para marcar visualmente o perímetro deste local, sem perder a homogeneidade do branco, foi adotado um friso de luz branca que destacou o sofá sem poluir o espaço.

Branco total e acolhedor. Um pufe alto central, cheio de almofadas, o forro do teto feito de tiras de tecido e um grande espelho com os celulares pendurados, como vitrine. Muita tranquilidade e o aspecto clean criaram um ambiente sofisticado e totalmente alinhado com o conceito do produto, MOTOCHIC.

Paradigmas... Onde?

MOTOROLA EM TRÊS TEMPOS

A "quebra de paradigmas" foi uma constante em cada projeto e em cada detalhe criado para os hospitality centers da Motorola. >> Em comum, a necessidade de comunicar, entreter e informar características dos produtos - os novos celulares inteligentes da marca.

2004 UMA ILHA DE TECNOLOGIA E SERENIDADE NO MEIO DA AGITADA SÃO PAULO FASHION WEEK

Desafio posto, desafio solucionado. Para o MOTOCHIC, tudo muito clean e high-tech.

QUEM **WIDE GROUP E MOTOROLA BRASIL**
QUANDO **JANEIRO DE 2004**
ONDE **SÃO PAULO FASHION WEEK / BIENAL DO IBIRAPUERA**
O QUE **CRIAÇÃO, PROJETO E EXECUÇÃO DE CENOGRAFIA**

A descontração, simplicidade e mistura de elementos ajudaram a reforçar a imagem da marca e gerar curiosidade pelo produto. O sucesso foi tão grande que garantiu à Casa Caucaia e à Agência Live Team os prêmios de 2º lugar, "categoria pequeno porte", e 3º lugar, em "exposição de produtos", premiações concedidas pelos organizadores do evento.

Partindo de uma implantação moderna, realçamos o conceito de "natural" com as texturas e aplicações que mesclam grafismos e materiais em sua forma mais rústica. A sala de reunião e os espaços de convivência seguiam a linha criativa sem perder a funcionalidade e o conforto.

A exposição dos produtos também realça a mensagem com apliques da fruta "in natura", e o toque de realismo vem de mudas de coqueiros trazidas diretamente da Bahia. A mensagem: nosso produto é natural e acabou de sair da árvore.

natural como deve ser

ESTANDE OBRIGADO! – APAS 2015

A linha de bebidas saudáveis encontrou aqui a tradução para seus valores: pureza, honestidade e respeito ao consumidor e ao meio ambiente >> A escolha de estruturas e adornos remetiam ao uso consciente de matérias-primas e fizeram do estande uma extensão do posicionamento sustentável da marca.

QUEM OBRIGADO! E AGÊNCIA LIVE TEAM
QUANDO MAIO DE 2015
ONDE APAS 2015 – EXPO CENTER NORTE – SÃO PAULO
O QUE CRIAÇÃO, PROJETO E EXECUÇÃO DE CENOGRAFIA
PRÊMIOS ESTANDE PEQUENO (2º LUGAR) E MELHOR EXPOSIÇÃO DE PRODUTOS (3º LUGAR)

Um desafio de engenharia, com nova proposta de design e complexidade estrutural, unindo leveza e resistência em um único volume.

Em forma de cápsula, a estrutura metálica sustenta o fechamento de policarbonato espelhado. No interior, há uma suíte climatizada e uma toalete completa.

Além do convidativo sofá-cama, o ambiente comporta geladeira, bar e televisão. Dali é possível apreciar a vista do entorno.

Suíte nas alturas

DUREX LOVE CAPSULE – CAMAROTE VIP SUSPENSO

A marca britânica de preservativos Durex planejou sua entrada no mercado brasileiro em altíssimo estilo durante evento organizado em Salvador. >> A Casa Caucaia desenvolveu uma suíte com todo conforto e comodidade dentro de uma cápsula, que ficou suspensa a uma altura de 15 metros do chão.

QUEM **AGÊNCIA HAVAS E RECKIT BECKINSER**
QUANDO **ITINERANTE, COM INAUGURAÇÃO EM FEVEREIRO DE 2014**
ONDE **RIO DE JANEIRO, SALVADOR, FLORIANÓPOLIS**
O QUE **PROJETO E EXECUÇÃO DE CENOGRAFIA**

Desde a fachada até as interferências na arquitetura interna do showroom, o design era uma extensão do espaço e vice-versa. É o caso da inusitada entrada, composta por múltiplos pórticos quadrados fazendo um vórtex na direção do interior do espaço, gerando curiosidade e atraindo o público para dentro da loja.

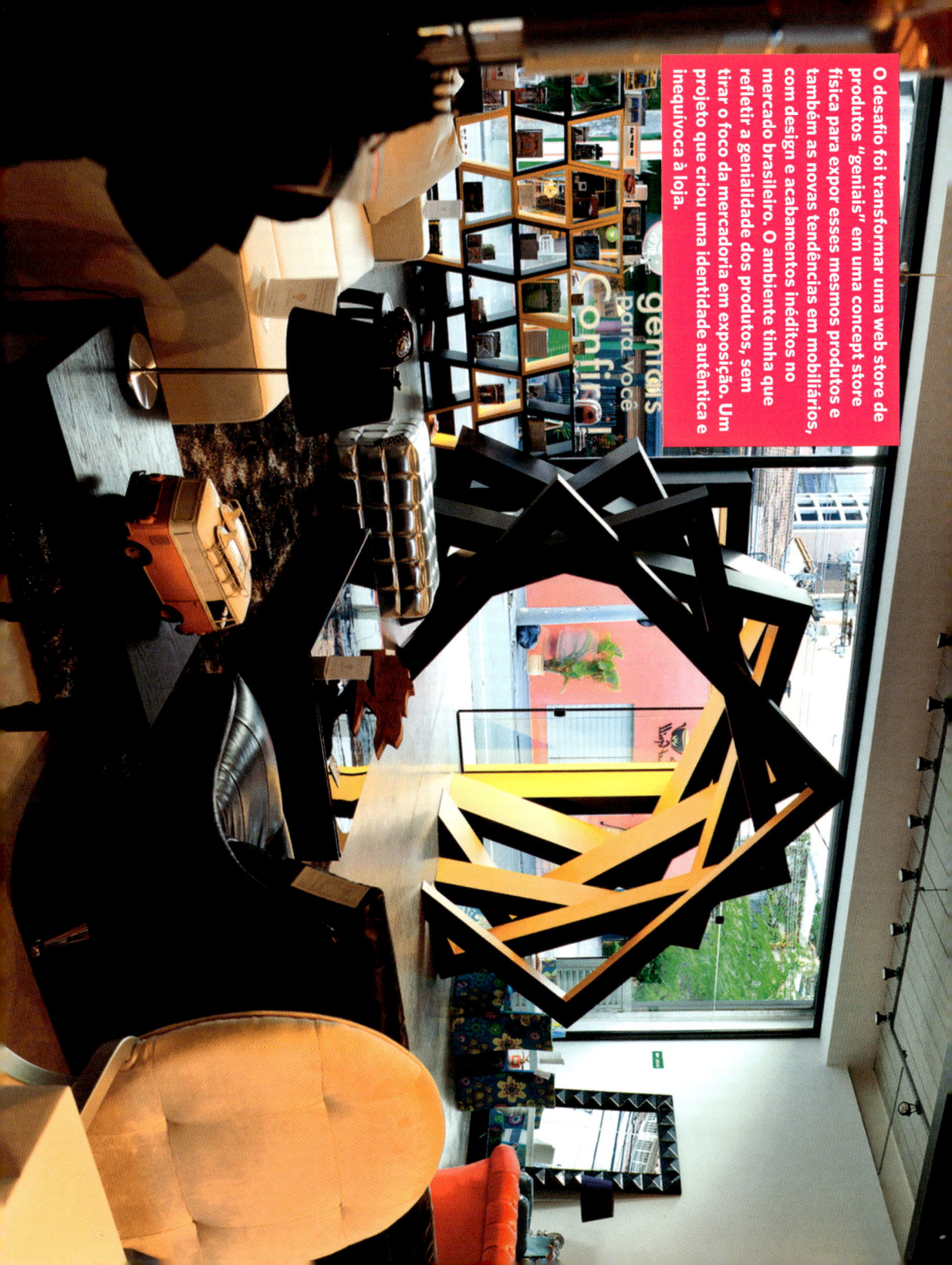

O desafio foi transformar uma web store de produtos "geniais" em uma concept store física para expor esses mesmos produtos e também as novas tendências em mobiliários, com design e acabamentos inéditos no mercado brasileiro. O ambiente tinha que refletir a genialidade dos produtos, sem tirar o foco da mercadoria em exposição. Um projeto que criou uma identidade autêntica e inequívoca à loja.

COISAS GENIAIS

O logotipo na fachada da loja com um espelho longitudinal integrava o externo com o interno. Um espaço totalmente aberto, marcado por um grafismo colorido nas paredes e com displays em formas poligonais que, ao se encaixarem, permitiam diversas composições de exposição.

Coisas Geniais

CONCEPT STORE COISAS GENIAIS – UM PROJETO CRIATIVO PARA OBJETOS SURPREENDENTES

Criar um ambiente para expor e vender objetos para casa, repletos de criatividade. >> Um espaço pensado para receber e dar destaque a toda a carga de inusitado contida nos objetos. Um ambiente para valorizar o design, aproximando o cliente da experiência com o surpreendente.

QUEM **COISAS GENIAIS**
QUANDO **MAIO DE 2012**
ONDE **VILA OLÍMPIA, SÃO PAULO**
O QUE **CRIAÇÃO, PROJETO E EXECUÇÃO DE ARQUITETURA**

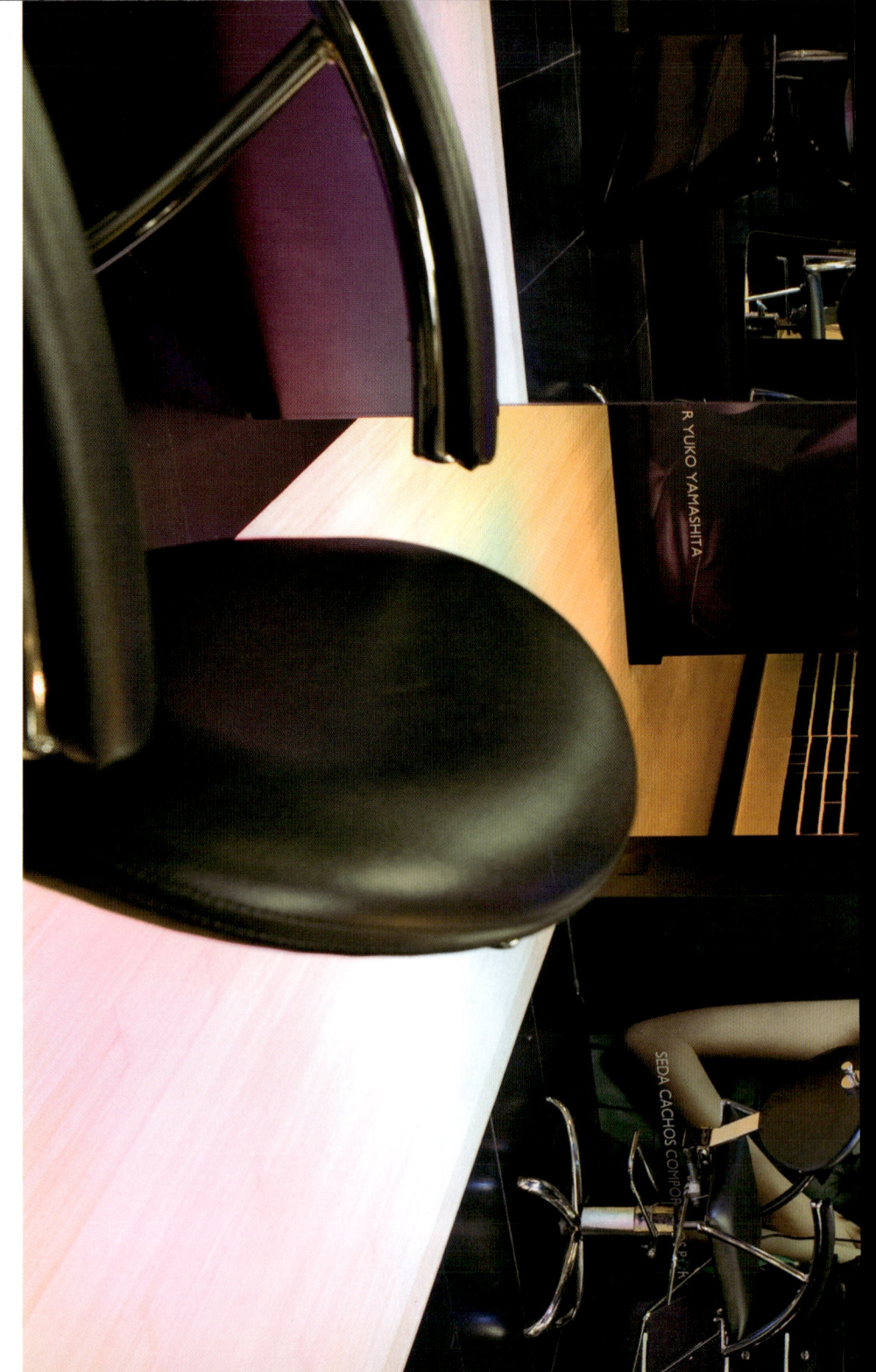

No espaço do salão, a Casa Caucaia inovou com uma estação em que era feita a lavagem e o tratamento capilar na mesma poltrona. Um espelho no teto permitia que a cliente visse o processo de lavagem. No outro espelho foi aplicada uma tela de LCD que mostrava os features do produto e as informações necessárias para o tratamento de cada tipo de cabelo.

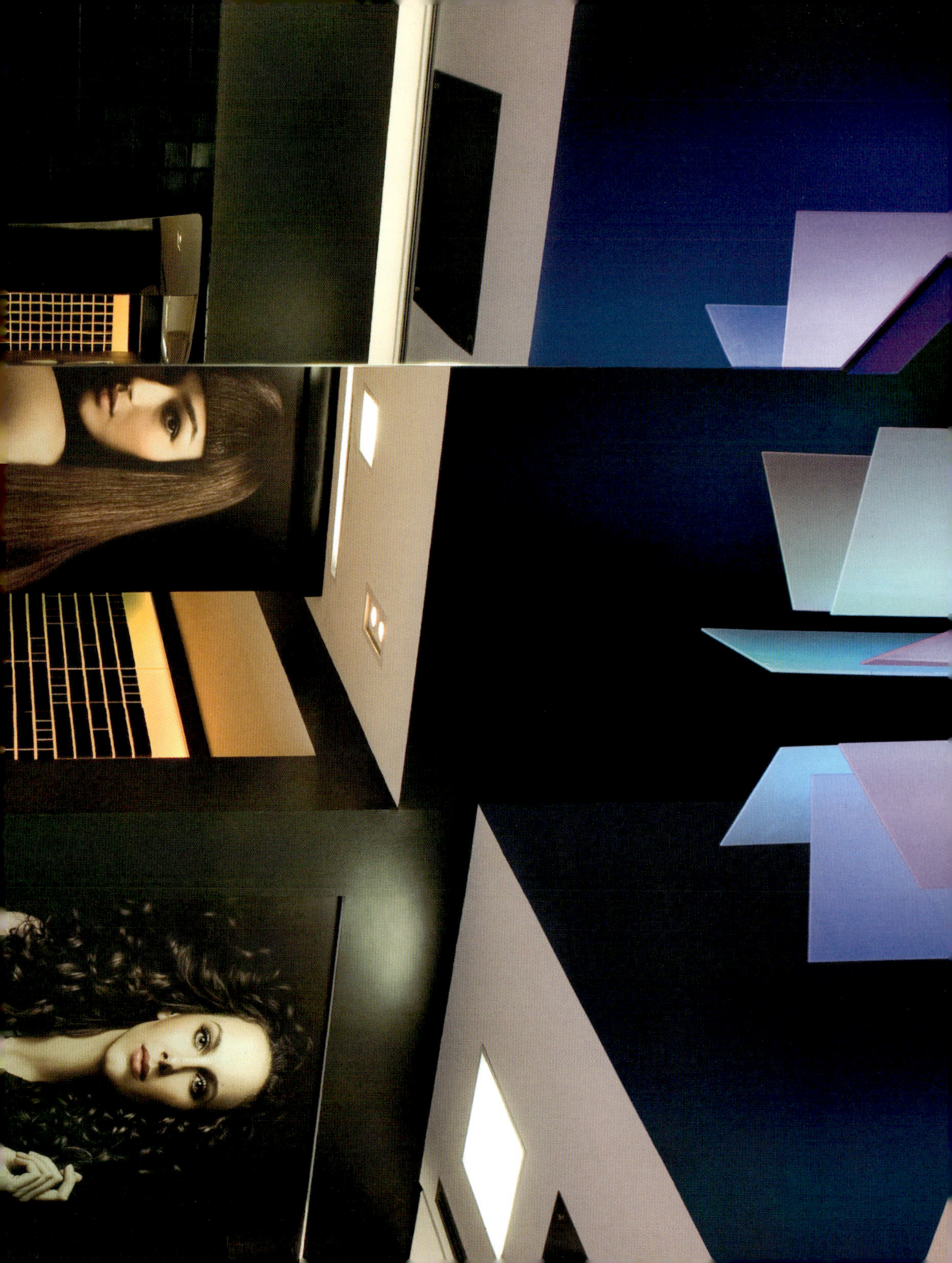

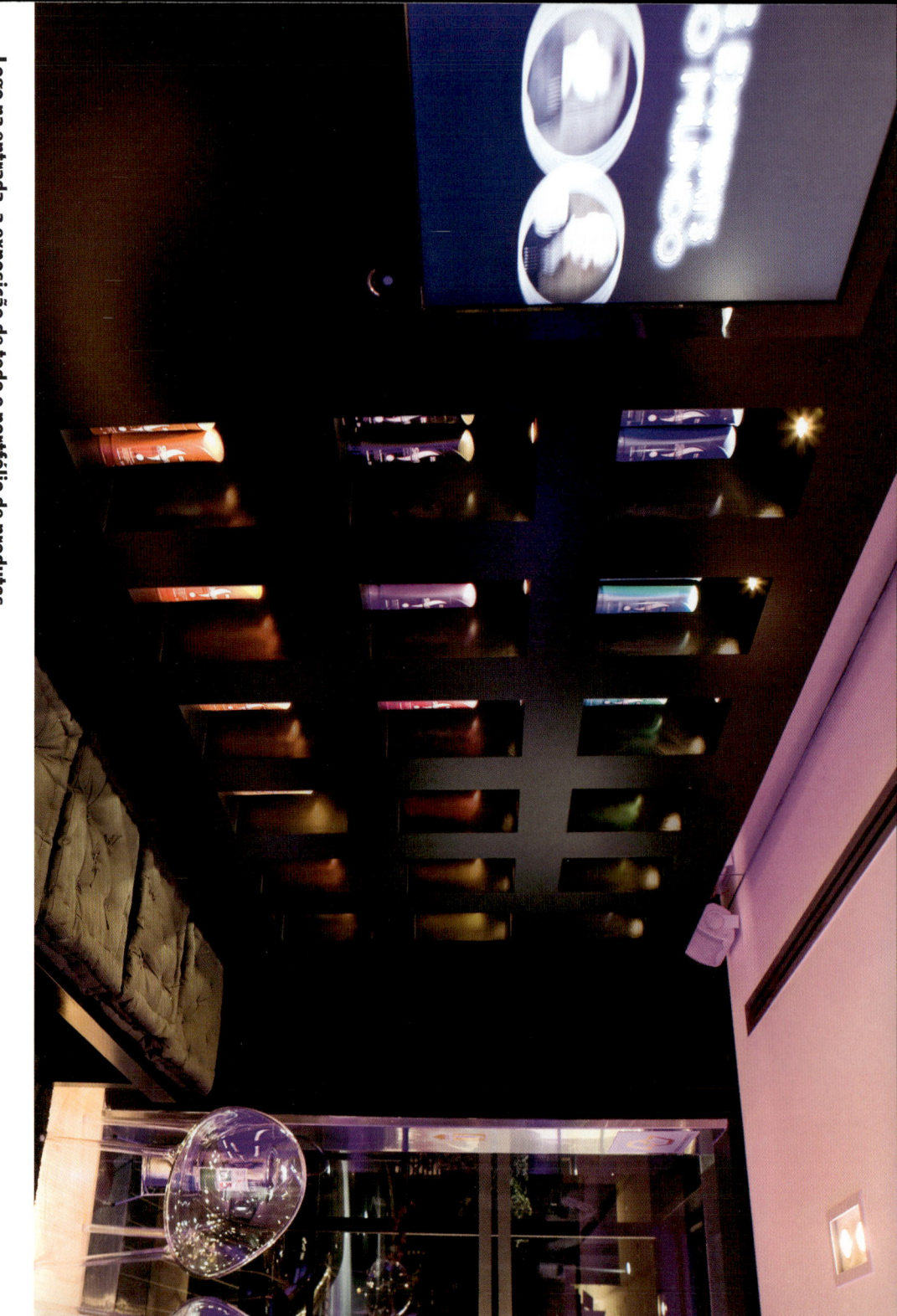

Logo na entrada, a exposição de todo o portfólio de produtos.

Detalhe da colocação das pastilhas. Cada pastilha foi aplicada em uma profundidade diferente, criando uma textura única e inovadora, com um "movimento" delicado nas paredes.

Cabine de espelhos para análise de ultrassom do cabelo.

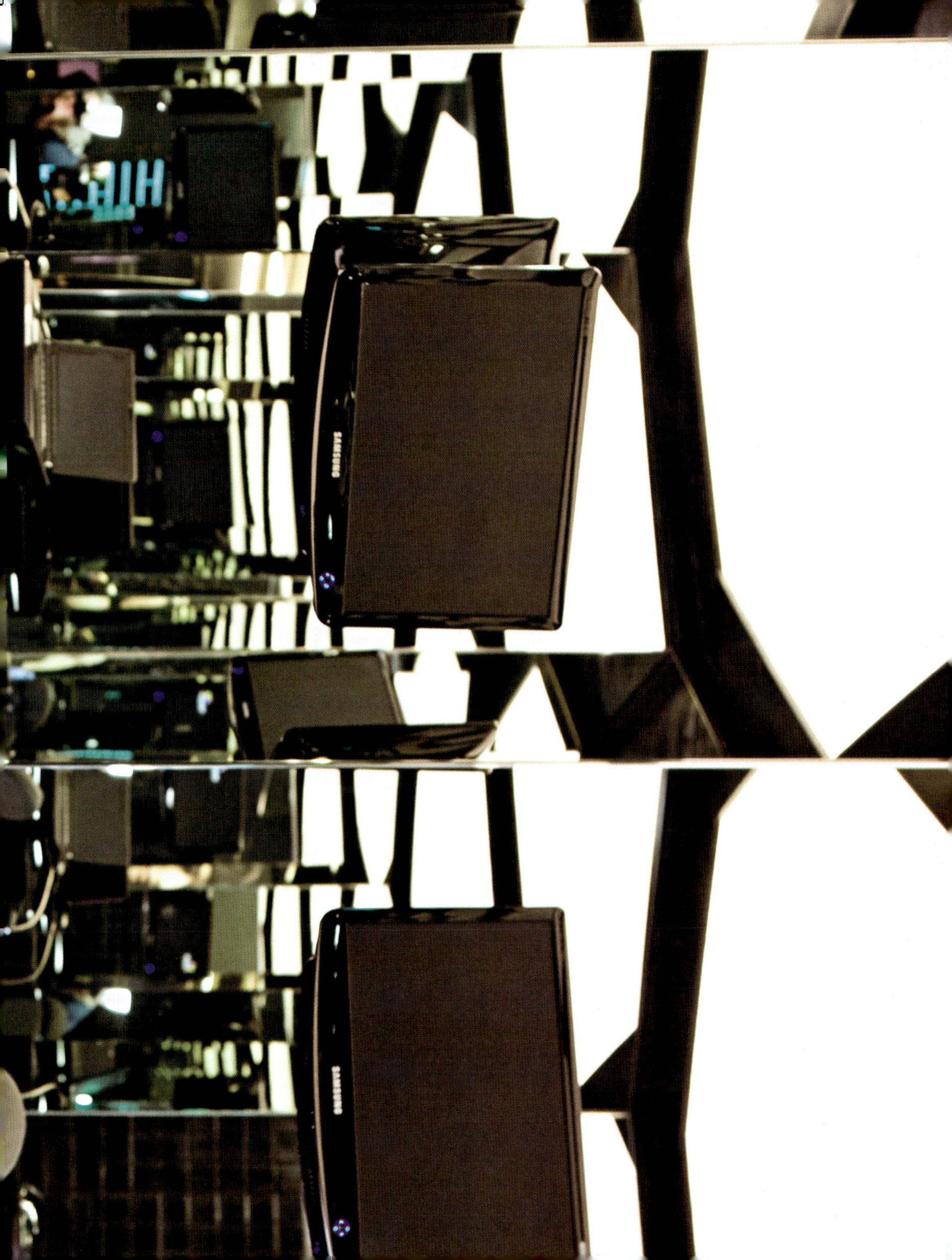
SAMSUNG

O diferencial do projeto foi a percepção de que, para dar personalidade e sofisticação ao ambiente, era necessário chegar a soluções exclusivas e inusitadas. Foi o caso da pastilha exclusiva desenvolvida para o revestimento das paredes. Ou ainda a iluminação de LED com possibilidades de alteração das cores do ambiente. Além das estações que permitiam a lavagem e o tratamento do cabelo apenas no giro da cadeira, dando um ar classe A, como o dos melhores salões de cabeleireiro do mundo.

O uso de cores para representar as diferentes linhas foi determinado por um projeto luminotécnico diferenciado e exclusivo. Uma iluminação de LED com a possibilidade de troca de cor da luz. A cada momento o ambiente ficava de um único tom. Essa foi a solução encontrada para trazer as diferentes tonalidades das linhas para o ambiente sem perder a sofisticação.

O piso de bambu para esquentar o ambiente e a fachada alterando a cor completavam o ar sofisticado e inusitado – necessário para um lançamento dessa proporção.

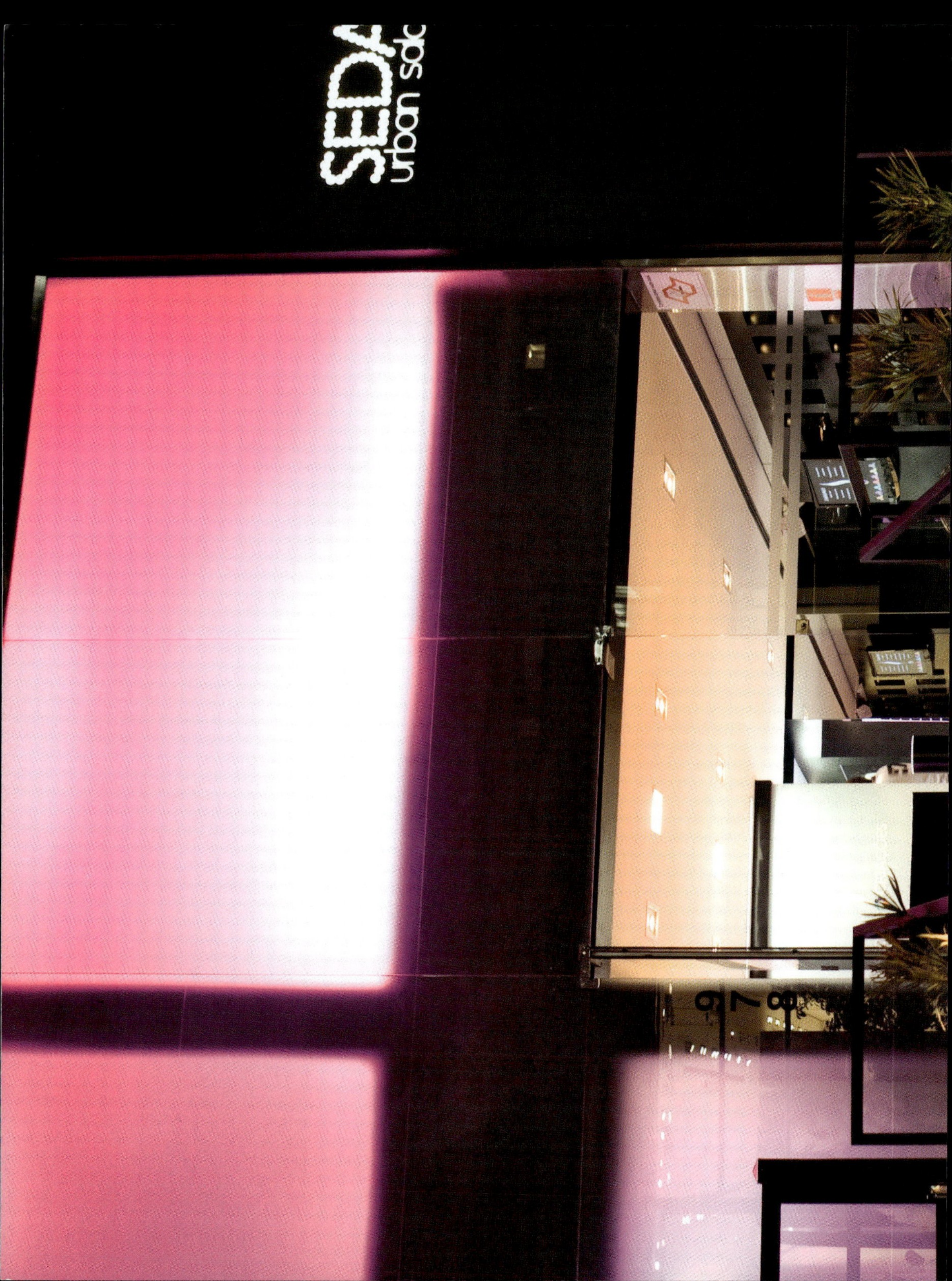

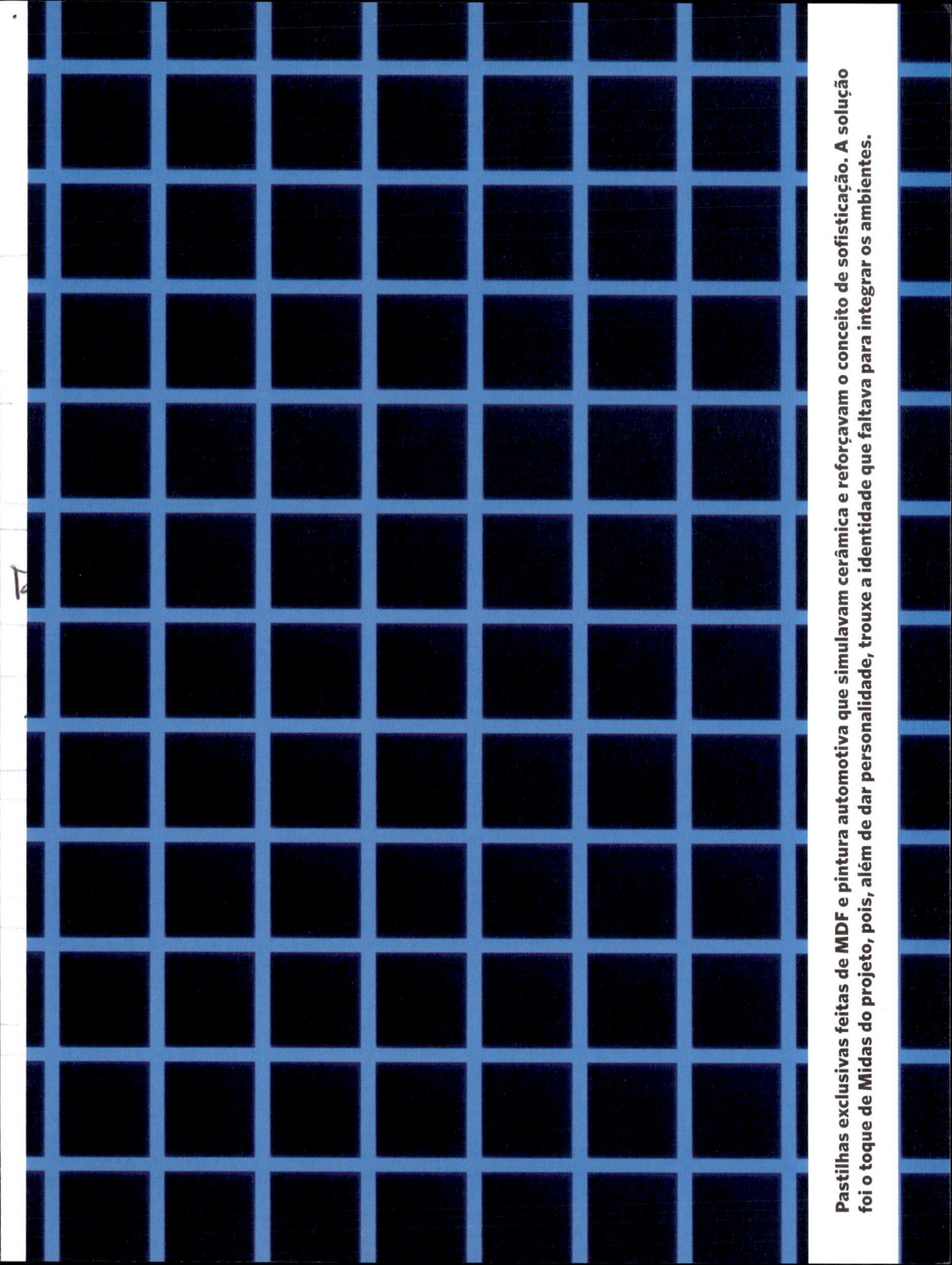

Pastilhas exclusivas feitas de MDF e pintura automotiva que simulavam cerâmica e reforçavam o conceito de sofisticação. A solução foi o toque de Midas do projeto, pois, além de dar personalidade, trouxe a identidade que faltava para integrar os ambientes.

Seda Urban Salon, sofisticação sensorial

UM SALÃO CONCEPT NO CORAÇÃO DA OSCAR FREIRE, EM SÃO PAULO

O lançamento da linha Seda Urban Salon exigia que o espaço de sua loja conceito estivesse alinhado com o objetivo de mudar a percepção que o consumidor tinha da linha Seda. >> Um novo produto, muito bem desenvolvido, com muito conceito por trás. Era preciso apresentar as melhorias e a nova fórmula – mudando o patamar do público-alvo. Era necessário um espaço que criasse momentos de muita interação.

QUEM **AGÊNCIA BULLET E UNILEVER BRASIL**
QUANDO **AGOSTO, SETEMBRO E OUTUBRO DE 2009**
ONDE **LOJA SEDA URBAN SALON, NA OSCAR FREIRE, SÃO PAULO**
O QUE **CRIAÇÃO, PROJETO E EXECUÇÃO DE CENOGRAFIA**

MARTINS CAFÉ

Ao utilizar os recursos de linguagem presentes na identidade de marca, o projeto chegou a uma estética que traduziu claramente a tecnologia retrô presente na narrativa de identidade do produto.

A robomania trouxe o ar high-tech necessário para mesclar o clima vintage à tecnologia.

Azulejos criados com adesivos personalizados deram cara vintage ao ambiente.

Alta tecnologia na casa da vovó

MARTINS CAFÉ NO 6º ESPAÇO CAFÉ BRASIL

No estande desenvolvido para a feira Espaço Café Brasil, a solução foi uma releitura e uma interpretação do produto. >>

Uma mistura de tecnologia e linguagem *Jetsons* retrô com o clima e estética vintage do ambiente de fazenda.

QUEM **MARTINS CAFÉ**
QUANDO **OUTUBRO DE 2011**
ONDE **6º ESPAÇO CAFÉ BRASIL, SP**
O QUE **CRIAÇÃO, PROJETO E EXECUÇÃO DE CENOGRAFIA**

Youtube Next UP >> Youtube | Bullet - São Paulo, 2012

Agradecemos a nossos colaboradores o esmero com o trabalho e todas as horas extras.
A nossos fornecedores a parceria e a ajuda para concretizar nossos sonhos e conceitos.
Aos nossos clientes nos exigir cada vez mais e ajudar a extrapolar os limites da cenografia inteligente.

Casa Oi São Paulo Fashion Week >> Oi Agência Colab São Paulo, 2011

Eduardo Marcondes é sócio-fundador da Casa Caucaia e responsável pelo atendimento aos clientes. Faz questão de cuidar de perto de toda a parte técnica e estrutural que envolve a cenografia de cada projeto. Arquiteto formado pela FAAP, tem MBA em Marketing de Serviços pela ESPM, além de incursões pelo mundo da fotografia. Como admirador de um bom charuto, mantém o hábito de encontrar os amigos para momentos de degustação e de boas baforadas juntos. É o seu "quase" hobby.
Mas o que move mesmo a sua vida são seus filhos e sua esposa – a sua família. E, como considera a Casa Caucaia uma continuidade de sua própria família, para ele o ir e vir, o movimento casa-trabalho-trabalho-casa nada mais é do que um eterno retorno para um mesmo lar – a Casa.

Renato Kublikowski é sócio-fundador da Casa Caucaia e responsável pela criação, conceituação e desenho dos projetos de cenografia da empresa. Cuida também, diretamente, de toda a área de comunicação com o mercado. Arquiteto formado pela FAAP, tem MBA em Marketing de Serviços pela ESPM e investe frequentemente em cursos de extensão em diversas áreas, como publicidade e design. Dedicou e dedica sua vida à Casa Caucaia e à cenografia promocional por pura paixão, a mesma paixão que um dia o aproximou das viagens de motocicleta, do mergulho, da boa comida, da boa bebida e da arte. Uma paixão por viver e ter prazer no que faz.

Helio Aisen é sócio da Casa Caucaia desde 2011, responsável pela gestão administrativo-financeira e pela viabilidade e operação dos projetos de cenografia. Engenheiro formado pela FEI, tem MBA pelo INSPER e especializações em gestão, processos, planejamento e varejo. Possui mais de 15 anos de experiência em gestão de varejo.
Toda esta bagagem levou Helio a compartilhar seu conhecimento e experiência prática em aulas de plano de negócios e gestão estratégica para executivos. Apaixonado por viagem e cultura, conheceu os cinco continentes. Nesses últimos anos aliou a paixão por viajar com a arquitetura. Sua filha Daniela é a grande companheira nessas viagens mundo afora.

casa
caucaia
cenografia inteligente

Os fundadores da Casa partem de um conceito desenvolvido por eles para atingir esse equilíbrio: a cenografia inteligente. Ela representa a interseção destas três esferas – conteúdo, forma e emoção. A partir dessa inovadora forma de organizar o trio de informações, a Casa Caucaia promove uma dinâmica de produção de projetos que envolvem uma equipe profissional de diferentes perfis. A riqueza das propostas é fruto dessa diversidade de formação e de percepções. A liberdade de criação caminha junto com a criatividade e com o repertório técnico desse time multidisciplinar.

 E onde o trabalho da Casa Caucaia pode ser vivenciado? Em qualquer espaço em que a marca deseja transmitir uma mensagem, em eventos, convenções, ações pontuais, lojas, escritórios ou em outras áreas comerciais e institucionais. Imagine entrar em um lounge e ter a sensação de estar em uma sala aconchegante em que cada detalhe é um convite ao relaxamento – poltronas confortáveis, paredes com acabamento macio, luzes indiretas e suaves.

 Ou imagine ainda outro espaço, só que desta vez a provocação brinca com os extremos: elementos como azulejos coloniais, que remetem às típicas fazendas, com cheirinho de café nos fins de tarde, se contrapõem a referências futuristas no mesmo cenário, presentes em embalagens com desenhos de robôs apoiadas sobre estantes de aço inox. Agora imagine... e a Casa Caucaia materializa.

 Essas criações contemplam processos sempre bem detalhados, mas com a agilidade que os projetos dessa natureza exigem. Adotando a cenografia inteligente como fio condutor de seu trabalho, há dez anos a Casa Caucaia garante um resultado eficaz para o cliente e envolvente para o público, já que o impacto sensorial é capaz de tornar aquele instante único – e inesquecível.

 Nas próximas páginas, conheça alguns projetos em que a aplicação desse conceito é usada também como uma eficiente ferramenta de comunicação da marca.

Espaço Café Brasil 2011 >> Martins Café, São Paulo

Um espaço vazio, uma experiência a ser vivida. Como preparar o ambiente para tornar esse momento marcante na lembrança das pessoas que passarem por ali? O conteúdo a ser transmitido deve ser organizado de tal forma que explore ao máximo os sentidos. Quando visão, olfato, audição, paladar e tato são estimulados, crescem vertiginosamente as chances daqueles instantes se fixarem quase que para sempre na nossa memória.

A assimilação da mensagem está diretamente conectada à percepção do espaço. Aqui ganha destaque a sinestesia, que mescla diferentes processos sensoriais, que podem ser combinados de múltiplas maneiras. Mas o objetivo é sempre o mesmo: causar uma reação no público que promova a compreensão dos conceitos e do posicionamento da marca.

São detalhes sutis, delicados, que muitas vezes podem passar despercebidos; mas não, é esse nível de cuidado com o detalhamento que instiga a percepção das pessoas. E, quando se fala em detalhes, chega-se até ao ponto de definir a posição de almofadas personalizadas que decoram, por exemplo, uma arquibancada. Escolhas minuciosas ajudam a compor o todo e elas permeiam outros elementos, como cores e texturas de materiais selecionados exclusivamente para aguçar as emoções.

E, para trabalhar a emoção do público em um espaço, soma-se ao conteúdo uma combinação de soluções espaciais, que são pensadas a partir das possibilidades técnicas (e também tecnológicas) e dos recursos cênicos. Esse é o trabalho da Casa Caucaia, que busca a sintonia perfeita entre o projeto de arquitetura e os sentimentos que serão despertados em quem circular pelo ambiente

Feira Abest 2013 >> **Abest | Supernova** - São Paulo, 2013

ser confundido com um processo subjetivo... ou aleatório qualquer. Nada disso. Estou falando de Processo Criativo. De livre associação. De trabalho duro e suado. De pesquisa, de conhecimento e técnica. E é uma técnica extremamente complexa, que requer profundo conhecimento de arquitetura, direção de arte, estruturas, iluminação, marcenaria... e por aí vai. Pressupõe uma infinidade de referências, que permitem síntese ou sugestão. Demanda talento, inteligência, conhecimento do que é tendência e moda. Quando fizemos o escritório da Inflama, no Rio de Janeiro, pude ver ainda mais de perto o jeito de a Casa Caucaia trabalhar. Um trabalho com uma verba medíocre, confesso.

Mas a Casa Caucaia não trabalha para a verba. Trabalha, visceralmente, para a ideia. Então, estão lá... as soluções irritantes de tão criativas, detalhes que não estavam em prateleiras para serem usadas ao acaso em qualquer projeto. O projeto da Inflama e muitos outros estão aqui, nas próximas páginas, registrados para sempre. Cada um, é claro, feito por uma razão, por um objetivo claro. Não são intercambiáveis. E exatamente por isso são ótimos para serem não apenas vistos, mas compreendidos. Está tudo aqui porque Cenografia, ainda tem isso, pra complicar: é quase sempre um trabalho volátil. E genialidade volátil deve ser registrada. Precisa servir como referência para quem vem por aí. Quando fui convidado pelo Edu e pelo Renato para escrever este texto, confesso que – além de imenso orgulho – não me senti capacitado. E como faz todo profissional de Criação que não se sente capacitado para um job, pedi um prazo longo, na esperança de que o cliente desistisse. Mas eu deveria saber que a paciência é mais um dos atributos que um Cenógrafo Profissional precisa ter. Então Edu e Renato esperaram. Com calma e com lembretes educados a cada bimestre. Até isso você vai ver aqui. A paciência desses caras e sua equipe em transformar ideias em cenários [metafóricos] e cenários [reais] e sua infinita capacidade de criar soluções criativas e eficientes.

Mentor Muniz Neto
Talkability/Bullet CCO

Espaço Enrique Rodriguez >> Paralela Gift Fair - São Paulo, 2013

A gente se acostumou a usar a linguagem teatral no cotidiano. Estamos inseridos na "cena urbana", o Brasil é um "coadjuvante" no Conselho de Segurança da ONU, minha namorada é uma "personagem importante" na moda ou o "cenário" não é favorável para investir em ações. Quando nos apegamos às metáforas, às vezes esquecemos o que elas são. Apenas metáforas. Metáforas não são a verdade. São apenas analogias que nos ajudam a entender conceitos mais complexos. Assim, o "cenário" econômico é, na verdade, uma infinidade de elementos que compõem o quadro. Uma imagem, um resumo mais fácil de ser digerido pelo indivíduo comum. Cenários, por essa lógica, pressupõem uma infinidade de características, fatores e elementos que ajudam o observador a compreender o todo. Em inglês, "background" não é a melhor tradução. Sugere o que está atrás, suportando a cena que ocorre no "foreground". Cenários não são isso. Um Cenário é a diluição de elementos complexos que criam o que é compreensível. Difícil separar o cenário da peça inteira. Seja ela teatral ou econômica. Analogias à parte, produzir uma obra Cenográfica não é coisa para principiantes. Requer um conhecimento profundo de diversas disciplinas. Diferente da Wikipedia, que fala em Arte Cenográfica, a Cenografia, na minha opinião, não é uma arte. Nem Ciência. Nem Arquitetura. Cenografia, para mim, é como a Fotografia. Arte-Ciência-Técnica. Mas principalmente, como todo trabalho legitimamente criativo, aliás, é um processo que acontece na boca do estômago. Funciona assim: alguém passa o briefing. Você cria músculos no cérebro pensando, pesquisando. Rabisca aqui uma ideia. Conversa com fulano sobre uma técnica qualquer. Assiste ali a um filme. Descansa. Ou tenta. E volta a rabiscar. De repente, em algum ponto desse processo, bum! Soco no estômago. Você SABE que acertou na hora que concebe a ideia. Não é todo mundo que trabalha assim. De forma visceral. Conheci os meninos – sim, eu os chamo de meninos porque sou mais velho – da Casa Caucaia faz muitos anos. E desde sempre dava para ver no sorriso aberto e quase pueril do Edu ou no olhar afiado do Renato que os dois trabalham com o estômago. Mas nada do que estou dizendo aqui deve

Lounge Motorola SPFW >> Motorola | Rei Nu - São Paulo, 2007

CASA CAUCAIA Cenografia Inteligente
São Paulo, 2015, 1ª edição
Editora WMF Martins Fontes

PROJETOS QUE ESTIMULAM OS SENTIDOS

Festa de Final de Ano >> Clube A | Alelo / Agência Bekermann - São Paulo, 2011

Lançamento Samsung Galaxy A >> Samsung | Inflama Rio - Morro da Urca - Rio de Janeiro 2015

Aniversário Carrefour >> Carrefour | Bullet - São Paulo, 2010

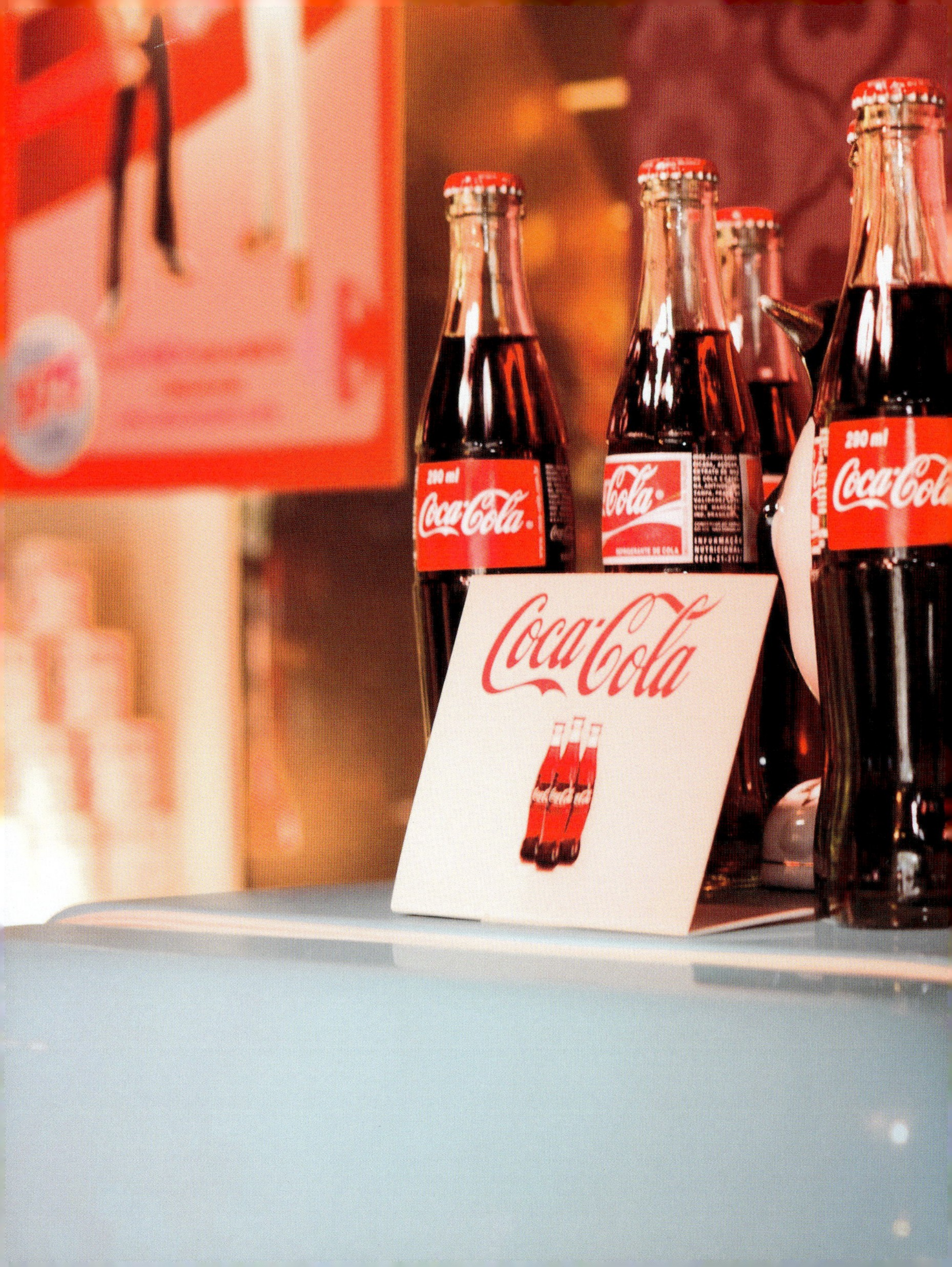
Coca-Cola
200 ml
Coca-Cola
Coca-Cola
200 ml
Coca-Cola

Boteco do Caminhoneiro >> Volkswagem Caminhões e Ônibus | Bullet, 2008